JN065116

Let it be.

レット・イット・ビー　シスターの愛言葉

保江邦夫

明窓出版

Let it be.（レット・イット・ビー）シスターの愛言葉

パート2　ある父親の愛

奇跡の教え——前書きに代えて

木村秋則さんをご存じでしょう。

世界で初めてリンゴの無農薬栽培に成功した方で、「奇跡のリンゴ」がまさに代名詞となっていますし、映画にもなりましたね。

半年ほど前のこと、僕は石川県羽咋（はくい）市にある宇宙科学博物館「コスモアイル羽咋」（通称、UFO博物館）でのUFOイベントで、その木村秋則さんと対談講演をする機会に恵まれました。

事前の打ち合わせも直前の顔合わせもなく、さらにはテーマも内容もまったく白紙の状態で講演は始まったのですが、そこから展開していく対話は何故かうまい具合に絡み合い、あっという間に1時間の対談時間が終了してしまいます。

もちろん、会場は拍手喝采で湧き立ち、多くの皆さんに感動を届けることができたのは明らかでした。

しかし、そのとき会場の中で最も感動していたのは、この僕・保江邦夫自身だったのです。何故なら、その対談の中で僕は初めて「愛」についての真の理解を得ることができたのですから。

そう、あの有名な「奇跡のリンゴ」誕生に到る物語で、そのときまで講演や著書、あるいは映画等の中では一度も触れてこなかった、とても重要な事実を木村さんが直接ご披露してくれたのです。

それまで不可能と考えられていたリンゴの無農薬栽培に何年挑戦してもうまくいかず、収入のない困窮状態が長く続いたあげく、木村さんはついに首を吊るために枝ぶりのよい木を捜し始めます。そうして死を決意したときに気を失い、気がつくと銀色に光るUFOの内部に寝かされていたことも既に語られています。

もちろん、そこに明らかに宇宙人と思われる存在が何人か現れて、木村さん以外の外国人風の人は全員が裸で寝かされていたことも含めて……。

そして、ＵＦＯから解放された木村さんの意識が戻ったとき、自分が横たわっていた原野の土の柔らかさと生い茂る雑草の温かさに気づくことができたのです。

それが、木村さんが見つけることができた自然農法の根幹である、農薬を撒くことなく雑草だらけにした畑でリンゴを栽培するというもの。

以上の事実については既に公表されているため、多くの皆さんの知るところとなっていますし、僕も例外ではありませんでした。

ところが、but、しかし……。木村秋則さんがこのときの対談講演の中で初めて語ってくださった事実があったのです！

それは、ＵＦＯの中で無意識のうちに宇宙人に教えられていたことには、自然農法についての技術だけでなく、この宇宙のすべての存在に対する接し方の基本までもがあったということ。

そう、それまでの木村さんは、無農薬でのリンゴ栽培を続けるにあたって、日本中の、いや世界中の子どもたちが害のない安全なリンゴを食べて健康に育ってくれるように、願い続けていたのです。

それが彼の畑に育つリンゴの木々に対する愛情でもあり、そんな自分の気持ちを酌み取って、子どもたちのために安全なリンゴの実をたくさん実らせてくれるものと信じきっていた……。

でも、現実は厳しく、無農薬のリンゴ畑でまともに実をつけてもらえたことは、一度もなかったのです。

UFOから解放された直後、そんな木村さんの心に大きな変化がありました。

それは、畑のリンゴの木に向かったとき、子どもたちに害のない無農薬栽培のリンゴを食べさせたい、無農薬でも立派な果実を実らせてくれという気持ちがすっかり消えてしまい、唯々(ただただ)この自然のままの畑で、枯れることなく来年も元気に育ってくれという想いだけになっていたということ……。

そう、人間の子どもたちに無農薬リンゴを食べさせてやりたいという当初からの気持ちではなく、目の前の畑に弱々しく立っているリンゴの木そのものに向かって、リンゴの実をつけなくてもよい、とにかく枯れずに、この先ずっと生き延びてほしいとだけ願うようになっていたのです。

そして、そのときから、まさにそのときからだったのです。まったく農薬を使わずに育ててきたリンゴの木に、実がなるようになったのは。

まさに「奇跡のリンゴ」が生まれた瞬間だったのですが、同時に木村秋則さんご自身にとっても大きな気づきを得ることができた機会にもなったといいます。

それは……、世界で唯一人、無農薬でのリンゴ栽培を目指してきたのは、世の中の子どもたちに安全なリンゴを食べさせたいという「愛情」によるものだ、という考えが間違っていたということでした。木村さんのそんな想いなど、リンゴの木にとっては木村さんという人間の単なるエゴでしかありません。

それまでは、畑のリンゴの木に「愛情」を降り注いで育てていたつもりになっていただけで、実は人間側の都合を、リンゴの木に押しつけていたにすぎなかったのです。自分の利益や考えを満足させるために、対象や相手に勝手な願いを託すことは、「愛」でもなんでもなく、利己的な想いでしかないのですから。

真に「愛」とは、リンゴの木に対しても唯々この先も枯れることなく生き続けていくことだけを願う如く、すべてのものにありのままで生きることを願うことだったのです。

奇跡のリンゴを世界で初めて実現した木村秋則さんが教えてくださった「愛」の真意に接したとき、僕の頭の中にビートルズの歌、「Let it be.」のコーラス（サビ）が静かに流れていきました。

そう、まさに「Let it be.」を何度もリフレインするこの歌詞にあるように、旧約聖書にある神の御言葉「Let it be.（あるがままに）」は真に「愛」を表す「愛言葉（あいことば）」だったのです。

そして、その「愛」の真意こそは、僕の名誉母親であったシスター渡辺和子が30年以上にもわたってその行動で暗黙のうちに示し続けてくださっていたものに他ならない！

そんな素晴らしい気づきまでも与えてくれた木村秋則さんに心よりの感謝を込めて、

これから『Let it be. シスターの愛言葉』と題し、究極の「愛」について語っていこうと思います。

願わくば、利己的な願望や執念、あるいは自我による思い込みなどを「愛」だと教え込まれ続けている現代に生きる皆さんが真の「愛」に気づくことで、どこまでも安寧な世の中が実現しますように！

2024年春
保江邦夫

パート1　シスター渡辺和子の愛

素潜り世界一の教え

ジャック・マイヨールというフランス人をご存じでしょうか?

一切の呼吸補助装置を使わない素潜りで、49歳のときに世界で初めて水深100メートル超えを達成した男性であり、その偉業を描いたリュック・ベッソン監督の映画『グラン・ブルー』は世界的に話題に上った大作です。

と、まあ、僕のジャック・マイヨールについての知識といえばそこ止まりであり、実は『グラン・ブルー』も観たことはありませんでした。

ところが、ところが、なのです。奇跡のリンゴの木村秋則さんの影響は、能登半島であったUFOイベントから帰ってからも続きます。

長距離運転の疲れもあったのか、東京の白金に戻ってからの僕はすぐにはいつものペースに乗れなかったため、大家さんが無料で観られるようにしてくれているケーブルテレビの様々なチャンネルを回しながらのゴロ寝三昧。

そして、スイスの精神病理学者カール・グスタフ・ユングのいう「意味のある偶然の一致」が発動してしまいます。その日のその瞬間、たまたま映画『グラン・ブルー』の放映開始直後にチャンネルを合わせてしまったのですから……。

見るからに地中海の田舎海岸を舞台にした男の子たちのたわいもないストーリーが続いていたため、本当ならすぐに別のチャンネルにしてしまったのでしょうが、イタリア語に混じって出てくるフランス語の響にかけてみることにしました。

そんな少年時代の描写が終わって現代の日常が描かれるようになったとき、有名なフランスの男優ジャン・レノが登場してきます。

ジャン・レノが演ずるとすれば、当然ながら豪腕な刑事か特殊部隊の猛者(もさ)、あるいは元外人部隊のいわく付き私立探偵と相場は決まっている。そう思った僕は、テレビ画面のほうに椅子を向け、本格的にアクション系ストーリーの中に入り込んでいくことに……。

ところが、ところが……ですね。そんな僕の期待は大きく裏切られてしまいました。

フルメタルジャケットに身を包んだジャン・レノの姿などいつまで経っても出てくることはなく、な、な、なんと、紅白の縞柄海水パンツで海に潜る場面ばかりが目立ちます。

ならばフランス海軍特殊部隊の活躍を描くのかと思いきや、雰囲気はどんどんと目論見から外れていく始末。

おまけに、物語の主人公はジャン・レノ演ずる人物ではなく、子どもの頃にその取り巻きに加わらずに一人で海に潜っていたフランス人男性の、ジャック・マイヨールだったのです。

二人の間の素潜り競争は大人になってからも続いていて、映画で描かれた現代においては、素潜りで水深100メートルを超える世界記録をどちらが先に達成するかに世界の耳目が集まっていました。

久し振りにアクション系のフランス映画に没入できるという目論見は破綻してしまったのですが、それに気づいた頃には僕の興味は、ジャック・マイヨールというフランス人に大きく惹きつけられてしまいます。

それまでも素潜りの世界記録を持つ超人的な男としてジャック・マイヨールという名前

くらいは知っていたし、その物語を描いて話題になった映画があるということも耳にしてはいました。

ただ、僕自身はそもそも泳げない人間として、まったく興味を持っていなかったため、その映画も観たことはありませんでした。それが、まったくの偶然なのか、はたまた神の采配によるものなのか、たまたまケーブルテレビのチャンネルを回したときに放映されていたのが『グラン・ブルー』だったのです！

こうして、僕は感動とともに映画『グラン・ブルー』を最後まで鑑賞することができ、ジャック・マイヨールという人物の奥深さにもある程度触れることができました。

ところが、ところが、この日の神様はいつも以上に僕にお優しかったのです。な、な、なんと、そのケーブルテレビの番組は映画『グラン・ブルー』のエンディングとともに終了するわけではありませんでした。

引き続いて流れてきたのは、以前に佐賀県のローカルテレビ局が製作したテレビ番組であり、そこでは映画『グラン・ブルー』にはまったく出てこなかった幼少時代と、人生の最終局面を迎えた頃のジャック・マイヨールの真実が、唐津港に暮らす人々の口から語られていきます。

それを聞いていくうちに、不思議な連帯感が生まれていったのですが、それは僕自身もわりと立ち寄ることの多かった、唐津の港が舞台となっていたからかもしれません。

映画の中では地中海で素潜りをしていたジャック少年は、当時上海で仕事をしていた父親が、毎年夏の休暇を唐津で過ごしていたため、いつしか地元の少年たちに混じって唐津の神秘的な海に潜るようになったといいます。

そこは、神域とされる厳かな場所であり、潜る前後には自ずと瞑想のようなこともするようになったのですが、その後、大人になってから素潜りの世界記録を樹立できた超人的な力は、そこからもたらされていたのです。

そして、世界的に有名になった後のジャック・マイヨールは人知れず唐津の港に立ち寄っていたとのこと。日本旅館の中庭に面した部屋が気に入っていて、毎回そこに滞在するのを楽しんでいたようです。

その旅館の女将さんが、テレビカメラに向かって晩年のジャック・マイヨールの思い出を語ってくれました。

その話を聞いた僕は、一瞬のうちに数日前に引き戻されてしまいます。そう、あの木村秋則さんが笑顔で「奇跡のリンゴ」誕生秘話を語ってくださったとき、僕の心に響き渡っていたビートルズの曲「Let it be.」が再び鳴り響いていたのですから……。

女将さんの話は次のようなものでした。

あるとき、唐津の漁港にイルカが迷い込んだまま、外洋に出られず日に日に弱っていくように見えたのです。地元の人々が気づいて、心配顔で無事に漁港から出ていけるよう祈っていたのですが、どうも自力では出口を見つけられないようです。

見かねた心優しい漁師さんたちが船を出して外洋出口へとゆっくり追い込もうとするのですが、うまくいきません。ついには、海に飛び込んだ地元の人たちがイルカを出口に向かわせようと網を寄せてイルカに近づいていこうとします。

その一部始終がテレビのローカルニュースに流れていたのをたまたま旅館のロビーで目にしたジャック・マイヨールは、女将さんに向かってどこの漁港なのかと聞きます。すぐそこの唐津漁港だと知った彼が、そのまま脱兎の如く走っていくと、女将さん始め、近所の懇意になっていた人たちも皆で後に続きます。

映画の中でもイルカと仲良く泳いでいた場面があったジャック・マイヨールなればこそ、きっと漁港に駆けつけて飛び込み、迷って衰弱しているイルカを外洋にまで誘導してくれるに違いない！　誰もがそう信じて疑いません。

ところが、but、しかし!!　漁港にたどり着くなり、ジャック・マイヨールは大声で叫んだのです。

「やめろ、そんなことをするな！　イルカを放っておけ、好きにさせておいてくれ!!　助けてやろうなんて考えるのは人間の高慢さとエゴの押しつけでしかないんだ。イルカはイルカで考えて自由に生きているし、このまま弱っていって死ぬのならその定めのままにしてやっておくのが愛情なんだから！!!」

そう、ＵＦＯの中で木村秋則さんが宇宙人に諭(さと)されて気づくことができた、

「愛とは、すべてのものにありのままで生きることを願うこと」

という宇宙の真理の中の真理を、ジャック・マイヨールもまた熟知していただけでなく、日常においてもその行動の指針としていたのです。

「Let it be. ありのままに」

この「愛言葉」を知っていたからこそ、ジャック・マイヨールは母なる海に受け入れられ、その秘奥へと導かれていったに違いありません。

シスター渡辺和子の教え

はせくらみゆきさんという素晴らしい女性をご存じでしょうか。

僕はもう3冊もご一緒に本を出させていただきましたし、講演会にも何度も呼んでいただきました。

そんなのは人間社会一般の普通のおつき合いですが、はせくらみゆきさんの真骨頂はもっとはるかにずば抜けて高いところにあります。

それは、彼女には時折というか、いや、どちらかというとしょっちゅう「上のほう」から既に亡くなられた先達の皆さんや宇宙人、あるいは神様が乗り移ってきて、僕を始めとしてそのときに必要な人々に、重要な御言葉をかけてくださるのです。

そもそも僕が初めてはせくらさんにお会いしたときからの2、3年はお正月のタイミングで急にお声がかかり、

「何もご用はないのですが、上からすぐにお会いするように指示されましたので……」

というなり、カフェのソファーに陣取って午後の紅茶を楽しみ始めるのが常でした。

そうするうちに、突然はせくらさんの声の調子が完全に変わってしまい、別人格で僕に呼びかけてきます。

そんな形で、これまで僕が「会う」ことができたのは、もちろん全員が既に他界していた方々ですが、その中には広島の山奥で雲間から射し込む日の光に導かれてお目にかかることができた、「隠遁者様」と信者から呼ばれていたマリア・ヨパルト・エスタニスラウ神父様もいらっしゃいました。しかも、半信半疑というか、むしろ不信全疑だった僕を納得させるために、はせくらさんにオーバーシャドーしてきた隠遁者様は、僕と隠遁者様しか知らないはずの広島での面会時の小さな出来事を語って聞かせてくださったのです。

それはまったく疑う余地のないことであり、それ以来、僕ははせくらみゆきさんが真に現代のシャーマンだと公言してはばかりません。

200パーセントの確信で、彼女がそんな「超能力」の持ち主だと思っているのですが、実ははせくらさんの凄さ、素晴らしさ、そして魅力はそんなぶっ飛んだところにあるわけではありません。

実は、3人の男の子を育てた専業主婦としての普通のありふれた人生の中で、ご自分の身の回りで起きている様々な物事をより深く理解したいと思い、ご自分なりに多くの本を読み、心に浮かぶ「上のほう」からの声を検証すべく200冊ほどにもわたるノートに細かく書き留めていったのです。その分量は半端ではなく、僕も一部を拝見しましたがその内容たるや、なまじの専門家顔負けのレベルでした。

特に僕の専門分野である理論物理学にかかわる論考の数々は、それはもうノーベル賞物理学者レベルのもので、僕は完全に脱帽しました。

こうして、僕とはせくらさんとの間で物理学とその背後にある形而上学とのつながりを明らかにするという共通の想いを果たすために、これまで2冊の対談本、

『宇宙を味方につける　心の神秘と量子のちから』

『愛と歓喜の数式「量子モナド理論」は完全調和への道』

と、矢作直樹先生も加わっていただいた、

『歓びの今を生きる——医学、物理学、霊学から観た魂の来しかた行くすえ——』

という鼎談本を明窓出版から出させていただきましたし、二人での講演会も既に何回も実現しています。

そして、これからお伝えするシスター渡辺和子が「名誉息子」である僕の前に再び現れてくださったのは、2023年9月10日にあったはせくらみゆきさんと僕が共著で書き上げた「量子モナド理論」についての最新刊の出版記念講演会でのことでした。

久し振りに会ったはせくらさんと控え室で談笑している間に開演時間5分前となり、案内係の女性に先導されて講演会場の最後部で待っていると、司会の女性がはせくらみゆきさんの紹介文を読み上げ、次いで僕・保江邦夫の紹介もしてくださいます。

そして、多くの参加者の皆さんの間をカツッカツッと歩いて正面の壇上へと向かう小柄なはせくらさんのすぐ後ろをついていったときのことです。

どういうわけか、いつもの平然としてまったく動じないはずの僕が、歩いていくうちに段々と緊張していき、演壇に上った頃には何故か数十年ぶりに心が張り詰めた状態を迎えてしまったのです。

右隣の席に座ったはせくらさんは既に流暢に話し始めていて、すぐに僕に声をかけてくださったのですが、そのときにはもう頭の中が真っ白になっていて何も言葉が出てきません。


これは、ヤバイ！　いったい、どうしたんだ!!　こんな状態になったのは確か何十年も前のことで、ここ数十年はどんな人たちがどんなにたくさん集まってくれていても、常に自然体で平然としていられるようになっていたはず……。それが、このときの僕は、本当に小さくなって人前では何もしゃべることができない子どもの頃に逆戻りしていたのです。イヤー、まずい!!

異様な沈黙に、はせくらみゆきさんも聴衆の皆さんも気づき始めた刹那、僕はハタと膝を打ちます。切羽詰まった状況の中で、思い出せたことがあったからです。

それは、僕が数十年前に最後にこんな極度の緊張状態に陥ったことがあったのは、シスター渡辺和子とご一緒していたときだったということ。

シスター渡辺和子といえば、２・２６事件という昭和の軍部クーデターの場面で、お父様だった渡辺錠太郎教育総監を目の前で青年将校に撃ち殺された少女という消し去ることのできない心の重荷を抱えて生きる、カトリック修道女というイメージがつきまとっています。

その後、東京の聖心女子大学を卒業した後、上智大学の学長秘書として働くうちにノートルダム修道女会の修道女となり、アメリカの修道院に派遣されてボストン大学の大学院で教育学博士を授与されます。

そして、帰国した彼女を待ち受けていたのは、なんと、日本の大学を見渡しても歴代最年少となる「学長」という重責。知性溢れる若く美しい修道女が最年少学長となった上に、実は2・26事件の生き証人というレッテルを貼られていたわけですから、マスコミが放っておくわけはありません。

当時、多くの購読者数を誇っていた『アサヒグラフ』では、見開きの2ページにまたがって修道服に身を包んだシスター渡辺和子の大きなカラー写真を掲載し、「最年少学長」の誕生を世に広く知らしめてくれました。

僕が何故そんな昔のことまで知っているのかというと、実はシスターは僕が一番困っていたときに救いの手を差し伸べてくださった大恩人であるだけでなく、その後35年にわたる学長（後には理事長）と一教授の間柄の中で自然に生まれていた、「名誉母親」と「名誉息子」と互いに呼び合うことができる相手でもあったからです。

そんなわけですから、東京は吉祥寺にあったノートルダム修道女会の東京修道院にシスターをお訪ねしたときなど、「名誉息子」である僕は「名誉母親」としてのシスターの居室にまで入ることが許されていました。

　ある日、お訪ねしたとき、とても質素なシスターのお部屋の中にあった古い小さな本棚に、小さな写真額が立て掛けられていて、見ると明らかに渡辺錠太郎陸軍中将とおぼしき凛とした軍人の隣に小学校に入りたての年頃の少女が白黒写真に収まっているのが目に止まりました。

「あ、これはシスターとお父様の錠太郎閣下ですね！」

という素っ頓狂な声を思わず上げてしまった僕に、シスターは何やら古くなった大判の冊子を出してくださり、

「こんな写真もありますのよ」

と、一瞬はにかんだような笑顔を初めて見せてくださいました。

　それが、ご自分が最年少学長となられたときに写真報道された『アサヒグラフ』だっ

たのです。
まるで、世界的に有名な当時の人気女優オードリー・ヘプバーンかと見まごうほどの見開きの写真を拝見してからというもの、失礼を承知でカミングアウトさせていただくならば、「名誉母親」だったシスターは同時に僕の永遠の「名誉恋人」にもなってしまいます。

そう、僕にとってのシスターは「名誉母親」であり「名誉恋人」でもあった存在だったのですから、お目にかかるときには僕自身本当に緊張を緊張で上塗りしたように固まった状態になり、小さくおどおどとしていたのが常だったのです。
そして、出版記念講演会の壇上に向かうとき、はせくらみゆきさんの後ろを歩いていくうちに段々と陥ってしまった極度の緊張状態で感じたものこそは、まさにシスターのお側にいるときの緊張感そのものだったのです！

しかし、いったい何故そんな緊張状態に陥ってしまったのか見当もつかないそのときの僕は、対談相手のはせくらさんに発言を促されたまま凍りついていたのです。聴衆の皆さんも、今か今かと聞き耳を立てて待ちかまえています。

「こりゃー、アカン」そんな関西弁が頭の中に木霊して観念した瞬間、フッと我に返ることができた僕は、いつもの「転んでもタダでは起きない保江邦夫」に戻ることができました。

そして、出遅れたスタートを取り戻すかのように口速にしゃべり始めたのが、数分前から何故かまるでシスター渡辺和子名誉母親が側にいるかのように緊張してしまっていたということ。講演会場の入り口からはせくらみゆきさんの後ろを歩いていくうちに、はせくらさんの後ろ姿にシスターの面影を見出したからだったに違いないとはお伝えしたのですが、本当のところはわからずじまいです。

ともかく、こうして降って湧いた突然のスランプ（？）を脱した僕は、遅れを取り戻すべくいつものように口から神様の御言葉が出るにまかせる「出まかせ」を連発していきます。話題は、その2週間前に奇跡のリンゴの木村秋則さんからいただいた本当の愛についての教えから、さらにはその数日後にケーブルテレビの番組を観て知ることができた素潜りの世界記録保持者、ジャック・マイヨールが唐津漁港で示した真に愛に満ちた言動にまで及びました。

もちろん、頭の中にはあのビートルズの名曲「Let it be.」が流れ続けていたのはいうまでもありません。

その後は、はせくらみゆきさんが実に見事な誘導で今回の共著出版にまつわる興味深い話題を引き出してくださり、記念講演会も無事に終了予定時間を迎えます。

最後に何か一言と司会者の女性に告げられたとき、まるで聖母マリアの如く神々しい表情となったはせくらみゆきさんの言葉で、僕はすべてを理解しました。

いわく、この講演会が始まるタイミングでこの会場に本当にシスター渡辺和子の魂が降りていらっしゃり、35年の月日を賭してシスターがその後ろ姿で僕・保江邦夫に教え続けてくださっていた真の愛に、木村秋則さんとジャック・マイヨールの助言を得ることでようやく自ら気づくことができたことを祝福してくださったのです、と。

そう、シスター渡辺和子が生涯を通してその言動のすべてで我々に示してくださっていたものこそが、真の「愛」に到るための大切な「愛言葉（あいことば）」

「Let it be.」

に他ならないということ。35年間を腑抜けた放蕩生活に費やしたこの愚かな「名誉放蕩息子」も、ついに「名誉母親」からの貴重な教えを受け止めることができた瞬間でした。

数日後のことです。はせくらみゆきさんからご丁寧なお礼の電話を頂戴したのですが、その最後には驚きの、しかし大いなる安堵の事実が伝えられていました。

それは、はせくらさんの知人女性で、霊感のある女性が出版記念講演会の最中に気づいたことでした。見ると、シスター渡辺和子が、実際にはせくらさんにオーバーシャドーしてきて、僕が愛の本質について気づけたことに大変喜んでいらっしゃるご様子であると見受けられたとのこと。

さらに、その女性は長年にわたってはせくらさんが描いたアートカレンダーをシスター渡辺に贈り続けておられ、シスターからも毎回、丁寧な感謝の言葉が届いていたことを教えてもらいました。シスター渡辺は、彼女のカレンダーを掛けて時を刻んでいた、ということだったのです。

さらに1週間が経った頃、シスター渡辺和子が天に召された直後に僕が書いた追悼本、『置かれた場所で咲いたシスター渡辺和子の生涯〝名誉息子〟保江邦夫が語る』（マキノ出版・現在は絶版）を読んでくださったはせくらみゆきさんから、こんな感動のお言葉まで頂戴できたのです。

＊

やはりあのとき、あの場にいらっしゃったのだと思います。先生のもとへ、息子のもとへ、シスターはおいでなさった。そして先生の気づきを、歩みを、愛の深さを、寂しさを、言葉にならぬ想いを、すべて受け止め、包み込み、キリストの光によって大いなる祝福と祈りを、お与えになられたのではないかと感じてなりません。

こんなにも、深く深く先生は愛されておられたのですね。

そしてシスターも、先生との出会いによって、癒され、慰められ、希望の光と大いなる愛を見出されていたのでしょう。

偉そうに申し訳ございません。でも何故かそう思えてならないのです。

＊

シスター渡辺和子が帰属していたノートルダム修道女会の創設者でカトリックの聖人とされる聖ジュリー・ビリアートが残した名言が心に響き渡ります。

「ああ、よき神の、なんと、よきことかな」

ありがとう、シスター渡辺和子名誉母親、そしてはせくらみゆきさん！

シスター渡辺和子の生き様

僕とシスター渡辺和子との初めての出会いは、もう40年ほど昔のことになります。岡山にあるノートルダム清心女子大学で学長秘書の女性に案内され、初めて学長室に通された日のことを今もよく覚えています。

ひどく緊張し、ぎこちない足取りで足を踏み入れた僕の目の前に、黒い修道服を着た小柄な年配の女性が立っていました。それが、ノートルダム清心女子大学のシスター渡辺和子学長であることは、すぐにわかりました。2・26事件で青年将校に撃ち殺された渡辺錠太郎教育総監のお嬢さんとして、岡山の人間なら誰もが知っている著名人でしたから。

応接セットのソファーに僕が座ったタイミングで、シスターも向かいの席に腰を下ろしましたが、ずっと硬い顔つきのままです。僕自身も、当惑しきっていました。この日、いったい何故にここに呼ばれたのか、その理由がわからなかったのです。

ノートルダム清心女子大学の学長秘書を名乗る女性から、岡山の自宅に連絡が入ったのが前日。

「学長がお会いになりますから、明日お越しください」

とだけで、それ以上の説明はありませんでした。これは、いったい、どういうことなのだろう？

目の前のシスターの険しい顔つきを見ると、これから叱られる小学生のような気分になったものです。しかし、僕と同様、困惑しているのはどうやら先方も同じようでした。

「バチカンから、このようなものが届きましたのよ」

といって、シスターが一枚の紙を差し出してくれました。重厚な便箋で、英語の文章が並んでいました。それを見せられても、僕には、何がなんだかわかりません。

すると、シスターは続けて、

「この推薦状は、あなたが私どもの大学で教鞭を執れるようにしてほしいという依頼書なのです。何故、このようなものがくるのでしょうか」

と、問いかけてこられたのです。

そういわれて、ようやく少しだけ事情がのみ込めてきました。

僕は、東北大学で天文学、京都大学大学院と名古屋大学大学院で理論物理学を学びました。その後、スイスのジュネーブ大学の理論物理学教室に講師として4年間在籍し、前年、日本に戻ってきていました。

最初、総合電機系の大企業の研究所に勤務しましたが、もともと一匹狼的な僕には、その仕事が肌に合いませんでした。それが災いしたのか、家族が病に倒れて窮した僕は、生まれ故郷の岡山に帰ることにしたのです。

とはいえ、岡山に仕事はありませんでした。たまたま、高校のときの同級生だった友人に相談すると、

「確か、君の家のすぐ近くにミッション系の女子大があっただろう。誰か、スイスで知り合った教会関係者に推薦してもらえば、その女子大に採用の可能性があるんじゃないか」

と、提案してくれたのです。

そのとき思い浮かんだのが、ジュネーブ大学の宗教哲学教授ドゥ・ロービエ神父様でした。以前、神父様をお助けしたことがありました。そして神父様から、「何かあったら、君の助けになろう」といわれた覚えがありました。

そこで、僕は神父様に、「推薦状を書いていただけないでしょうか」というお願いの手紙を書いたのです。

神父様に手紙を書いたのは3ヶ月以上前のことでしたが、待てど暮らせどドゥ・ロービ

エ神父様からの返事は届きませんでした。

既に3月半ば過ぎのことで、これから神父様からの推薦状が届いたとしても、女子大の今年度分の採用枠は決まっているはずです。なので、女子大への採用はすっかりあきらめかけていたところでした。

そして、シスターから渡された推薦状には、神父様の名前はありませんでした。後で知ったのですが、ドゥ・ロービエ神父様はポーランド出身ということで、同じポーランド出身だった当時の教皇様ヨハネ・パウロ2世とも懇意にしていたので、ドゥ・ロービエ神父様は直接、教皇様に働きかけてくださったのです。

それは、掛け値なしのローマ教皇庁からの推薦状でした！

目を上げると、シスターが真っすぐ僕を見据えていました。

「私ども、日本カトリック教団の末端に位置する者にとって、ローマ教皇庁から、こうして直接依頼のお手紙を頂戴することなど、あり得ないことです。ですから、この推薦状は、命令書に等しいものであり、私どもはその命令に従う他に選択肢はございません。

4月1日から、本学にお越しいただけますか」

このとき、まだお互いに何も知りませんでした。シスターにとって、僕は何故か教皇庁からの推薦状を持って現れた、得体の知れない男にすぎなかったことでしょう。僕にとってシスターは、幼くして大事件に立ち会い、しかも、若くして大学学長に抜擢された、伝説上の人物でした。

僕はその後、奇跡的な出来事にたびたび出くわすことになりますが、僕とシスター渡辺の出会いにも、教皇庁からの推薦状という不思議な巡り合わせが存在していたのです。

こうして、僕とシスターの長い長いつき合いが始まることになりました。ここで、シスター渡辺和子の略歴をお示ししておきましょう。

僕が生まれた年の1951年、25歳、聖心女子大学を主席で卒業。

27歳、上智大学国際部の事務局で働きながら、上智大学大学院の西洋文化研究科の修士課程を修了。
29歳、ナミュール・ノートルダム修道女会に入会。
31歳、アメリカ・ボストンの修道院へ派遣。
35歳、ボストンカレッジで教育学博士号を取得し、帰国。
36歳（1963年）、ノートルダム清心女子大学の学長に就任。
その後、1990年に同大学理事長となって退任するまで、27年間、学長を務める。
2016年末に89歳で亡くなるまで、同大学理事長。

シスター渡辺が36歳の若さで学長に就任したことは、当時、大きな話題となりました。シスターは、岡山では知らぬ者がいないほどの著名人であり、岡山教育界のアイドルでもありました。また、多くの著書がロングセラーになったため、全国的な有名人としてシスターは講演に呼ばれ、全国各地を飛び回っていました。
ノートルダム清心女子大学は、中国四国地方初の4年制女子大学として、1949年に創立されています。シスター渡辺の前の二代及び初代の学長は、共にアメリカ人の高齢のシスターでした。

1963年1月、ナミュール・ノートルダム修道女会のローマにあった総本部が、その年までアメリカのマサチューセッツ管区に属していた日本の修道院を独立させ、日本准管区を発足させます。このとき、各修道院に付属する教育施設も、同じ扱いとなりました。

つまり、創立から20年近くたって、日本人を軸に据えた運営に方針を切り替えようとしていたのです。修道会は、時代の変化に合わせて、大学と学生を託せる日本人の新しい人材を探していたに違いありません。

ところが、そもそもシスター渡辺が、ナミュール・ノートルダム修道女会の東京修道院に入ったのは、29歳のときです。当時、修道女になれるのは30歳までという年齢制限がありましたから、年齢的にギリギリの入会でした。

それにもかかわらず、修道会は入会後1年ちょっと、修道年数もごくわずかな修道女にすぎなかったシスターを、アメリカの修道院に派遣したのです。

その上、さらにボストン大学で博士号まで取らせています。博士号を取れというのも、修道会からの指令でした。

こうした経緯を見ていくと、修道会がシスターの人となりや素質を見込んで、育てようとしていたことは明らかではないでしょうか。早すぎる学長への抜擢も、修道女会総本部の気まぐれなどではなかったのです。

1963年8月、ノートルダム清心女子大学の二代目学長、シスター・エーメー・ジュリーが急逝します。73歳。初代学長も、二代目学長も、共に経験豊かな70代のアメリカ人シスターでした。

その流れでいくと、学長を補佐してきた50代のアメリカ人シスターが次期学長として有望だろう。それが大方の見方でした。

ところが、そんなところに、岡山とは縁もゆかりもない、東京からやってきた若いシスターが、学長として据えられたのです。

もちろん、シスターも驚いたことでしょう。しかし、修道会においては、上からの命令は絶対です。修道女になる際には、貞潔、清貧、従順の誓いを立てます。ですから、修道会の上からの命令に逆らうことは許されません。

シスター渡辺も、修道会の命じるまま岡山での生活が始まりました。それは、予想以上に厳しい、過酷なものだったのです。

修道会本部の思惑はともかくとして、岡山の地元の人間はこの大抜擢を快く思いませんでした。僕自身も岡山県人ですから、岡山の人間の気質はよく知っています。岡山というのは、昔も今も、かなり保守的な土地柄です。

前任者の学長は、アメリカ人の年配のシスターでした。

「それは、まあ許せる。しかし、その次に何故、ポッと出の、若い日本人シスターが抜擢されるのか！」

学内では、いわゆる〝抵抗勢力〟が、

「新しい学長を東京へ追い返してやろう」

と、手ぐすね引いて待っていました。

しかも、その抵抗勢力のやり口は、極めて陰湿なものだったのです。

シスター渡辺が、学長としてある案件をまとめたいと考え、前もって関連する教授何人かと打ち合わせをしたとしましょう。その際、教授たちは、「シスターを応援しますから」と声をそろえて賛同するのです。

ところが、いざ教授会となると手のひらを返し、平然と反対意見を述べるだけでなく、急先鋒になって学長を糾弾し始めるのです。しかも、その会議が終わった後では、その情けない人たちは、シスターを裏切るような行動に出たことも、まるでなかったことのようにふるまうのです。

そんな出来事が学長就任時から何度となくくり返され、僕が勤め始めてからも続きました。１９９０年にシスター渡辺が学長を退任し、学園の理事長に就任したお祝いのパーティーの席でも、檀上に登ったシスターに向かって、

「帰れ、二度とくるな！」

と、大声で叫んだ古株の教授がいたのです！

さすがに僕も、耳を疑いました。この祝いの席で、それをいうのかと。

これが、シスターが学長に就任して30年近く経ってからの出来事なのです。

ただし、シスターは裏切りや手ひどい仕打ちを受けたからといって、それでくじけるような女性ではありませんでした。

「人間に上下はありません。しかし、人格に上下はあります」

この言葉を口にする際には、シスターはいつもとりわけ厳しい顔をなさっていました。人間は平等なはずなのに、実はそうではない。どんなときも高潔な態度を崩さない人もいれば、なんらかの欲がからむと、とたんに卑劣きわまりない行動を取る人がいる。この差は、いったいどこから出てくるのか。その問いを突きつめた結果が、先の言葉なのです。そして、「人格に上下はあります」と、シスターがおっしゃるのは彼女の覚悟を示す言葉でもあったのだと思います。

あなたがたが腹の中で、どんなに悪いことを考えていても、私は私の信じる道を進んでいきますよという宣言です。

いずれにしても、学長に抜擢されたその当時は、もっとひどいことがたくさんあったと推測されます。何故、そんないじめをシスターが受けたかといえば、理由は誰から見ても明らかでしょう。シスター渡辺は若く、しかも修行年月もさほど長いわけでもない。なのに、学長に抜擢され、厚遇されている。それに対する、羨望、嫉妬、やっかみ……。

あるとき、シスターがふと僕に漏らした言葉が、今も耳に残っています。

「キリスト教を信じれば、たちまち心がきれいになるわけではないのです。神にすべてを捧げる誓いを立てたからといって、悩みがなくなるわけではありません。嫉妬や憎しみ、傲慢の心も消えません。修道生活に入っても、同じなのです。嫉妬や憎しみは消えないどころか、余計に激しくなるのかもしれません」

こうした日々が続くと、多くの人が耐えられなくなります。

「何故、自分だけがこんな目に合うのだろう？」

「何故、自分だけがこんなことをやり続けなければならないのだろう？」

そう思い始める。自分のことばかり考え始めるのです。

自分、自分、自分。頭にあるのは、自分のことだけになっていくのです。

「そういうときにこそ、人のために何かしなさい。地に根を下ろすというのは、勉強するとか、未来のために蓄えをしておくとか、そういうことではありません。人のために、肥やしとなれることをして、それを喜びなさい。人を花咲かせるために、できることがあるなら、それをしなさい」

シスターの教えはそういうことではなかったかと、僕は考えています。シスター自身が、まさにそれをなさっていました。

一般的な悩みや苦しみとして文章化することはありましたが、シスターが大学内や修道院内での苦闘や暗闘を表立って文章にすることは、一切ありませんでした。その当時も、その後もずっと、誰かを非難するようなこともなさいませんでした。

その代わり、冷たい風雨に耐え、置かれた場所で咲こうとされました。長く続く咲けない日々、シスターは一心に働いたのです。人のために、肥やしとなるために。

シスターには、こうして自分が肥やしとなり、命を捧げてもよいと考えていた大切な宝物がありました——それが、学生たちです。

シスター渡辺和子の想い出

シスター渡辺和子にまつわる伝説の中で、最も有名なものの一つが、シスターが学長時代、全学生２０００人全員の名前と顔を覚えていたという伝説です。

ノートルダム清心女子大学では毎年５００人が卒業し、５００人の新入生が入ってきます。つまり、毎年毎年、新入生５００人の顔を覚えていかなければなりません。この毎年やってくる新入生５００人を含め、在学している２０００人の顔と名前を、シスターは覚えているといわれていたのです。

象徴的な事件がありました。シスターの学長時代、教授会が大学の学生定員を増やそうとしたことがあります。全学2000人の学生を3000人にまで増やそうという計画でした。学生が増えれば、それだけ大学が財政的に豊かになり、大学運営が楽になるという利点があります。

これに、たった一人反論したのが、学長であるシスター渡辺でした。教授陣の中で、シスターの意見に賛成したのは僕を含めてわずかだけ。残りの教授陣全員が定員増に賛成でした。通常なら、そこで決をとって、定員増があっさり決定されたことでしょう。

ところが、計画推進派の説明を聞いた上で、シスターはおもむろに教授たちに語りかけました。

「私は、皆さんのように頭がよくありません。私の頭では、2000人の顔を覚えるのが精一杯なのです。それ以上学生が増えたら、一人ひとりの学生の名前と顔がわかりません。しかし、通っている一人ひとりの学生の名前と顔も一致しないような教育は、教育とはいえないのではありませんか」

正論でした。シスターの意見に感動し、シスターに賛成する人が次々と現れ、学生定員の増員問題は否決されたのです。

シスターの意見に賛同しながら、僕は内心ふらちにも「嘘だろ」と思ったものです。

その当時、僕の担当講義には数学、物理学、情報理学の3科目があって、それぞれを受講する学生の数が270人、200人、170人程度でした。これくらい多くなると、学生の顔は覚えられません。

「なのに、2000人の名前と顔を一致させるなんて、絶対無理だ」

それが、教授としての僕の実感でした。

僕が覚えられたのは、「先生、一緒に写真撮りましょう」といってきた学生や、部活を指導してきた合気道部と薙刀（なぎなた）部の学生くらいです。

しかし、すぐに思い直しました。俺には無理だが、シスターなら可能なのかもしれない、と。

あるとき、シスター渡辺に聞いてみたことがあります。

「どうやって、学生2000人の顔と名前を覚えるんですか」

「決まっていますよ。入学時に、学生一人ひとりの写真付きの名簿が作られますね。それを見て覚えるのです」

シスターは、こともなげに答えてくれました。2000人の学生の名前と顔を、名簿を睨むだけで覚える！　並大抵の努力ではありません。

しかし、既にその頃には、シスターが学生2000人の名前と顔を覚えられる秘訣について、僕にも察しがついていました。

ある日のこと、僕とシスター渡辺が談笑している学長室に、学生がノックして入ってきて、

「吹奏楽部の者ですが」

といって、自分たちの演奏会にシスターをゲストとしてお招きしたいと話し始めました。すると、シスターは学生を制して、

「あなたは『モノ』でいいの？　あなたには、お父さんやお母さんが付けてくださった大切な名前があるでしょ、何故、それをいわないの？」

と、ピシャリ。学生はハッとしたように、

「失礼しました。吹奏楽部４年の＊＊＊です」

と、あらためて挨拶から始めました。

シスター渡辺和子は常々、

「自分の命よりも学生が大事」

とおっしゃっていました。シスターにとって、それは、単なるお題目などではありません。もっというなら、「学生が大事」なのですらありません。シスターにとって、大事なのは学生という一般概念ではないのです。シスターは、自分の大学にやってくる学生一人ひとりに対して、「あなたが大事」と思い、それを実行しようとしていました。

シスター渡辺は、修道生活に入る前に働いていた職場である上智大学で、上司が自分を褒めてくれたことに感激したといっています。

「私は、仕事に慣れていませんでしたから、決していい事務員ではありませんでした。しかし、上司のアメリカ人の神父様は、『いいや、違う、あなたは宝石だ』と褒めてくれたのです。石ころでしかないと思っていた自分に、そんなふうにいってくださったのです。この一言で、それまで、どうでもよかった私が、どうでもよくない私に変わりました。一人のおかたが私のことを宝石だといってくださった。今はまだ、私は、やはり宝石ではないにせよ、宝石になれる可能性があるのだと思ったのです。私は生きる勇気をいただき、自信を持てるようになったのです」

そして、シスターは、かつて自分が神父様からしていただいたことを、学生たちにしようとしたのです。つまり、一人ひとりの学生たちに、

「あなたは宝石だ」

と語りかけようというのです。

学生一人ひとりに「あなたは宝石だ」というためには、２０００人の学生をちゃんと知っていなければなりません。顔と名前どころではなく、その悩みや苦しみも含めて。

そんな心がまえだったからこそ、シスターは２０００人の学生の名前と顔が覚えられたのです。


それだけ大切に思われ扱われるなら、その思いは自然に学生にも伝わります。ですから、学生たちは卒業してからも、「シスター」、「シスター」と慕ってやってきます。

シスター渡辺は、大学に入学したときから一人ひとりの学生につきそい、一緒に走っている、伴走しているのです。卒業してからも変わりません。シスターから教えられた言葉や考え方が学生たち一人ひとりの中に残り、生きているのです。


家庭を持ってから、社会に出てから、大変なときやつらくなったとき、シスターのことを思ったら「なんとかなった」、「助かった」という卒業生がたくさんいます。

卒業後も、学生たちはシスターに伴走してもらっているのです。

大学の学長という地位にある人が、ご本人の在位中に在学した膨大な数の学生の人生にこれほどの影響を残している。そんな学長が他にいたでしょうか。

おそらく、どこにもいないでしょう。

学生にとって、シスターは「ただのお母さん」ではないのです。そんな言葉ではいい表せない、それ以上の何かなのです。

僕が、ノートルダム清心女子大学に勤め始めた頃、仰天したことがあります。学生が皆、学内で学生以外の目上の人が通りかかると、ピタリと立ち止まり一礼するのです。まるで、宝塚歌劇団の音楽学校のようでした。

講義のために僕が教室に入っていくと、学生が全員立って待っていました。僕なんか、立ってもらうほどの者じゃありませんよと、思ったくらいです。

講義が終わると、学生は、筆記の際に出た消しゴムのかすを集めて、自分の使った席をきれいにしてから離席します。必ず全員がそうするのです。

この美しい習慣は、シスター渡辺が学長を辞して、学内の風紀がやや緩んできた後も続きました。それくらい2000人の学生一人ひとりに、シスターの教えが浸透していたのです。

シスターが日本各地に呼ばれて講演をすると、そのうちの少なくとも10人以上の保護者の皆さんが、「子どもをシスターのところで学ばせたい」と、ノートルダム清心女子大学を受験させるといいます。岡山の田舎の女子大ですが、シスターのおかげで全国から学生がやってきます。

まれに、岡山市内でも雪が舞うことがあります。珍しく雪の舞ったある日、キャンパスにいた学生が一人、空を見上げて妙な踊りを踊っていました。

聞いてみると、踊りではありませんでした。沖縄出身の学生で、彼女は雪を見るのが生まれて初めてだったため、灰が落ちてくると思って逃げようとしていたのです。

この沖縄の学生も、シスター渡辺の講演を聞いたご両親がシスターの下で学ばせたいと思って進学させたのです。

そしてシスターは、全国からやってきた学生それぞれに、

「あなたは宝石だ」

といえるよう、日々努めていらっしゃったわけです。

一方、学生を大切に思うからこそ、シスター渡辺和子には厳しいところもありました。シスターの講義は、すごく人気がありました。大講堂で、数百人の学生が講義を受けます。出欠を取るだけでも大変な手間がかかるので、シスターの講義の際は、必ず立ち合いの教員が出て、出席票を集めて回りました。

しかも、学生たちはほとんど全員、この出席票の表裏に自分の悩みなどを書き連ねるのです。そしてシスター渡辺は、学生たちが書いてきた悩みのすべてに、返事を書いていらっしゃいました。

学長としての激務の中、何百人の学生の悩みを心に留め、親身に答えていらっしゃったのです。

まともに考えたら、返事を書く暇など、多忙を極める学長にあるはずがありません。自由になるのは、自分の睡眠時間だけ。つまり、毎週ご自分の命を削って、学生に答えていたようなものです。

学長をお辞めになり、理事長になられてからも、シスターの講義は大人気で続いていました。しかし、理事長時代には、シスターが学長をなさっていた頃に比べて、学内の空気はやや緩んできていたようです。

ある日、講義中に大講堂の後ろのほうで、二人の学生が私語をしていました。普通、シスター渡辺の講義ではそんなことはあり得ません。シスターはすぐに気づいて、

「後ろの二人、単位は差し上げませんから、もう出ていきなさい」

と命じました。

僕はたまたま、持ち回りでその講義の立ち合いをしていました。「このままにするのは

いかんな」と思って、学生を追いかけて声をかけました。「君たち、わかっているのか」というと、学生は「すみませんでした」と平謝り。

「俺に謝ってもしかたがないだろ、シスターに授業が終わったら引き合わせるから、君たち自身で謝るんだ。お詫びを入れたら、きちんと単位ももらえると思うから、待ってなさい」

と注意して、講義の終わった後でシスターに二人を引き合わせました。

「シスター、すみません、二人の学生にいい聞かせましたし、本人たちが謝りたいといっているのですが」

という僕の言葉を遮った上で、シスターは厳しい顔になって、

「釈明だけは聞きましょう。ですが、社会に出たら、そんなことで許されると思いますか。謝ったから許してもらえるなら、世の中は回りません」

といい放ちます。

「それはそうなんですが、二人も重々反省しているようですから、今回だけは……」

とお願いしても、シスターは厳しいお顔のまま、

「何をいってるんですか、絶対に許しません」

とキッパリ。二人の学生はうつむき、今にも泣き出しそうでした。

「シスター、お許しいただく方法はないんでしょうか」

という僕の最後の願いを受けたシスター渡辺は、

「この二人に何をしてもらっても、私は許しません」

とおっしゃった後、少し間を取ってから続けてくださいました。

「しかし、保江先生がそこまでおっしゃるなら、先生を信じて、二人の学生を許します」

それで、なんとか事なきを得ることができたのです。

何度も頭を下げて立ち去っていく学生二人を見送って、

「学生、泣きそうでしたね」

という僕も、ようやくホッとしていました。学生と一緒に慌てふためいてぐったりしていた僕に向かって、シスターはようやく顔つきを和らげてくださいます。

「今の子たちはあれくらい怒らないと覚えないですし、性根が入りません。あれだけ注意しておくと、社会に出てから自分がしでかした失敗というものが、自分だけが謝ってすむものではない、ということを学んでもらえるでしょう。

自分がしでかした失敗は、上司や、もっと上の人を謝らせることになるんだと知ることになります。それに気づいてもらいたかったのですよ」

シスターの怒りは、二人の学生に気づきを与えるための演技でした。とっさに、そこまで学生のことを考えていらしたのです。

僕が大学に勤め始めたその年のこと。4月から大学に通い始めて、初めて迎えた5月の連休のときでした。僕は、九州の友人の結婚式に出席するために博多のホテルに泊まったのです。

朝になって目が覚めたとき、僕はベッドの中でボンヤリとしていました。何気なくリモコンでテレビをつけたところ、シスター渡辺和子の顔がポンと映ったのです。おそらく、倫理感や生き方についての番組で、シスターがゲストとしてスタジオに呼ばれていたのでしょう。

ブラウン管（今では死語かもしれませんが、当時のテレビ画面のこと）の中のシスターの姿が目に入った瞬間、僕は反射的にその場でバシッと立ち上がっていました。苦境から救っていただいた恩義を感じていたこともあったでしょうが、むしろそれよりも、シスター渡辺の前ではちゃんとしなきゃという思いが、そんな行動をとっさに取らせていたに違いありません。

シスターのお姿には、それくらいの威厳があったのです。

次に、僕の「できの悪い名誉息子」ぶりについてのエピソードもお伝えしたいと思います。

せっかちな僕は、エレベーターに乗ると待ちきれず、いつも「閉める」のボタンを押していました。あるとき、どなたかをご案内するため一緒にエレベーターに乗ったシスターは、僕が「閉める」のボタンを押すところを見逃しませんでした。ゲストが帰られた後、すぐに叱られてしまったのです。

「あのボタンは、押してはいけないボタンなんですよ。『閉める』というボタンを押さずに待てないような生き方をしてはいけません」

これからも、せっかちな僕はエレベーターで「閉める」のボタンを押しそうになるでしょうが、そのたびにシスター渡辺のことを思い出すに違いありません。

柳瀬睦男先生といっても、ご存じのかたは少ないかもしれません。世界的に著名な理論物理学者で、上智大学教授、そして、カトリックの修道士、イエズス会の神父様でもありました。

僕は最初、自分と同じ理論物理学者として学会や研究会で柳瀬先生とお会いしたことがあっただけでしたが、その後、先生がノートルダム清心女子大学に講演に呼ばれたことをきっかけに、シスター渡辺と3人で顔を合わせるようになったのです。

世界宗教者平和会議でも、顔を合わせたことがありました。柳瀬先生は、その会議には当然ながらカトリックの神父として参加しているわけですが、シスターのつきそいで参加した僕を見つけると、にこやかに話しかけてくれたのです。

そして、ついつい専門の理論物理学の話になるわけです。

「保江君、この前のあの論文の内容、ちょっと教えてくれる？」

などと話を振られると、シスター渡辺を脇に置いて、しばし物理談義を交わすことになります。

その間、シスターは僕と柳瀬先生の会話を楽しそうに聞いていらっしゃいました。後で、シスターに、

「つい柳瀬先生と専門の話ばかりしてしまって、すみません」

と謝ったのですが、シスターは首を振ってニコニコしながらおっしゃったものです。

「いえいえ、とてもおもしろかったですよ。物理学の話をするときは、上下関係、老若関係なく、ずけずけおっしゃる。よいことですね。勉強になりました」

本当に、頭の柔らかい女性だったのです。

もちろん、教えられることも多くありました。

僕自身が、ときどき講演に呼ばれるようになってからのことです。シスター渡辺は、僕とは比べものにならないほどの数の講演をこなしていらっしゃいました。著作がベストセラーになった影響もあったでしょう、2013年には、年に48回もの講演を行ったそうです。

「僕なんか、一つ講演をこなすにも大変で……、シスターは、よく平気ですね」

と、愚痴をこぼしたことがありました。

「私はちゃんと講演のやり方はわかっていますから、なんの心配もいらないんですよ」

シスターの余裕の笑顔に、かえって興味をひかれました。講演のやり方ってなんだろうと思い、

「それって話し方のことですか」

とうかがうと、

「話すことは、慣れれば、どなたにもできるようになります。それより大事なのは、講演にいらっしゃる皆さんの気持ちを、こちらに向けていただくことなんですのよ。その方法を、私は知っています。ですから、どこのどんな会場でも、心配いらないのです」

「そんな方法があるんですか。ぜひ教えてください！」

興味津々、僕が身を乗り出すと、シスターが教えてくださったのは、極めて実践的な方法でした。講演会場では、演者は、舞台のすそから演台へ歩いていきます。舞台の端などに席があって、演者はまずそこに座らされている場合がよくあります。

「演台まで歩きますね。勝負は、そこで決まるんです」

「どう決まるんですか」

「まず私の場合、背が低いですからね。まず、背が低い人がきたと、なめられます」

「シスターがなめられますか？」

「最初に皆さんの目に入るのは、遠目でぱっと見たときの姿と、その印象だけですから。背は小さいけど、すごい人がきたと思わせないといけないんですのよ」

「なるほど」

「私は、どんな会場に行っても、演台までを7歩で歩きます。7歩かけて歩くとき、靴音を高く立てるのです。講演に行くときは、靴音が立つように、ヒールのある靴を履いていきます。姿勢を正し、よく胸を張って、カチカチ、コツコツ、靴音高く歩きます。

このとき、聴衆のほうを見てはいけません。演台のほうだけを真っすぐに見て、コツコツ、カチカチと7歩。演台までの距離が遠ければ、大股に。短ければ、小股で。適宜歩幅を調節する。７歩のコツコツという音で、みんなの気持ちが前に向くんです。

この７歩の距離を、ナヨナヨした姿、だらしない姿で登壇したらだめです。このやり方で登壇すると、演台で前を向いた瞬間、聴衆全員が私のほうを見ています」

そこで僕も、踵が高く小さな金属板が打ち込まれている靴を買って試してみましたが、確かにシスターのおっしゃるとおりでした。

シスター渡辺は、聖母マリアのことを、いつも『あのおかた』と呼んでいらっしゃいました。それがわかるきっかけは、一枚の写真だったのです。

シスターのご依頼で、兵庫県にあった英知大学（現在は廃学）に毎週一回、非常勤講師として通ったことがあります。英知大学はカトリックの一会派ではなく、日本カトリック教団の大阪管区自体が経営していた大学であり、多くの神父様が教育に携わっていました。講義が終わると、そんな神父様が待ちかまえていて飲みに連れていってくれました。

そんな中で特に親しくなったのが、カトリック伝道士の沼波義彦さんでしたが、あるとき一枚の写真を見せてくれたのです。その写真には、横になって眠りについている美しい白人のシスターが写されていました。

「こんなきれいなシスターがいらっしゃるのですね」

という感嘆の声を上げた僕に、

「これは、亡くなられてから百年以上経った、フランス人シスターのご遺体なんですよ」

と沼波さんが教えてくれたので、本当に驚きました。その写真の美人シスターが死んでいる……。しかも、死んでから百年以上経っている……。

それが、ルルドのシスター・ベルナデッタのご遺体だったのです。

僕は初めて、沼波伝道士からルルドという地名と、そこで起こった次のような奇跡のことを聞かされることになります。

19世紀半ば、南フランスのピレネー山脈に位置する寒村ルルドでのこと。14歳の少女ベルナデッタ・スビルーが川沿いの洞窟の近くで枯れ木を拾っていると、一人の若い貴婦人が現れたのです。その日を含め、ベルナデッタは合計18回、この美しい女性と会って会話を交わすことになります。後に、カトリックのローマ教皇庁によって、この貴婦人が聖母マリア様であると認定されます。

聖母はベルナデッタに、泉に行って水を飲みなさいと伝えるのですが、近くに泉がなかったためベルナデッタは川に行こうとします。すると、聖母が洞窟の岩の下のほうに行くように指差したので行ってみると、そこには泥水が湧き出していました。その泥水は、後に清水になって飲めるようになります。

これが、ルルドの泉の始まりとされています。ルルドの泉の水によって多くの病人が癒されてきたために、ルルドは今も一大巡礼地となっているのです。

その後、ベルナデッタ自身は修道女となり、35歳で亡くなり墓地に埋葬されました。20世紀に入ってからその墓地の移設工事があり、間違ってベルナデッタのお棺の蓋が開いてしまいました。すると、お棺の中には、服はボロボロなのに昨日亡くなったかのような姿のベルナデッタが、横たわっていたのです。

僕が見せてもらったのは、棺の中で死後も腐ることのなかったそのベルナデッタのご遺体の写真でした。沼波伝道士がその写真をくださったので、その写真を持って僕は翌日、さっそく学長室にシスター渡辺を訪ねました。

それまで学長室を訪ねるのは、日本語ワープロやパソコンをお教えするときなど、シスターのほうからお求めがあったときだけでした。

このとき初めて、学長であるシスターから呼ばれてもいないのに、自分から学長室を訪ねていったのです。シスター・ベルナデッタの話を初めて知り、僕は舞い上がっていたに違いありません。

その日、ノックも早々に学長室に飛び込んでいき、

「シスター、これ、ホントですか。ウソでしょ？」

といいながら、写真をシスターにお見せしました。

「本当ですよ。私も拝見しました」

「腐っていないんですか？　そんなことが可能なんですか？」

興奮のあまり、僕は次々質問をくり出していましたが、シスターは僕の興奮ぶりを見ておかしそうに微笑んでいらっしゃいました。

「これが、本当に百年以上も前に亡くなった人の体なのですね。こんなにお美しいのに」

「私も、フランスの修道院で実際のお姿を拝見しました。そのときは、バラの香りがしました」

「本当ですか!?」

「ええ。すべては神の御業なのです」

その後、シスター自身がルルドに行った話を教えてくださいました。

しかも、そこでシスター渡辺ご自身が奇跡を体験しているというのです。シスターは、このときのことを「ルルドへの旅」と題するエッセイにも書いていらっしゃいます（『渡辺和子著作集1』山陽新聞社）。

「私のルルド行きは信心からではなかった。当時、信者とは名ばかりの生活を送っていて、たまたまフランスにしばらく滞在していたものだから、一度は行ってみよう、奇跡が起こるというのもおもしろそうだしといった軽い気持ちからだった。このような不信心の罰があたったのだろうか。ルルド行きの切符を求めた直後、高い熱を出し、生来弱い気管支がおかされて咳に悩まされる日が続いた」

病状がいっこうに改善しないため、シスターはルルド行きを中止しようかどうしようかずいぶん迷ったのだといいます。そして、迷った末にルルドに出かけました。

「ルルドに到着したときも、体調は最悪でした。ホテルに着いた後、リゾットを食べていました。おなかに何か入れたら、もう寝ようと思っていたのです」

「結局、お休みにならなかったのですか」

と聞くと、シスターは苦笑して、

「ホテルのご主人が、『これから蝋燭行列が始まるぞ。何故、行かないんだ?・』とおっしゃるのですね。『行きたいのですが、肺炎のようなんです。咳がひどくて、これから寝ようと思っています』とお伝えしても、聞いてもらえません。
『体が悪いから行くんだろ、こんなとき行かずにいつ行くんだ』と、ホテルのご主人に追い立てられるように、外に出されてしまったのです」

ご自分のフランス語が未熟で話が通じなかったのだろうと、半泣きになりながら、シスターは蝋燭行列に並んだそうです。雨が降る中、シスターは大勢の人たちと一緒に、アベマリアをフランス語で歌いながら広場を一周しました。そして気がついてみると、不思議なことに咳がピタリと止まっていたのです。雨に濡れ、歌を歌っていたというのに。

シスター渡辺からこのお話をうかがって、僕はすごく感動しました。その旅の時点では、シスターはルルドの奇跡など信じていらっしゃいませんでした。しかし、そんなシスターにも奇跡が起こったのです。

「保江先生はこんなお話、お信じにならないでしょうか」

「いいえ！　僕は信じますよ、シスター！」

シスターがおっしゃるから、僕は素直にその話を信じました。この頃には僕自身も、シスターの前では嘘はつけないとわかってきていました。息子は、母親の前では本当のことしかいえません。嘘をついたら、すぐにバレてしまうからです。

何かおもしろいことなどがあると、僕は、アポも取らずに学長室に飛び込んでいく。そんな習慣が始まったのが、この写真の一件からでした。

僕がベルナデッタの写真を持って、大慌てで学長室に飛び込んでいったという話はどこかから漏れ、他のシスターたちの間でも話題になっていたようです。大学の廊下などで他の

シスターに会うと、

「保江先生、洗礼はまだお受けにならないのですか」

と、たびたび聞かれるようになりました。しかし、シスター渡辺は最後までずっと、僕の洗礼について口になさることはありませんでした。

カトリック系の大学ですから様々な信者の会合があって、僕もそういう会合に誘われることがありました。

あるとき、たまたまシスター渡辺が同席した席でそうした誘いを他のシスターから受けて、僕が、

「僕は信者じゃありませんから」

と断ったことがありました。それを聞いていたシスターは、

「あなたは信者以上に信者なんですよ。だって、『あのおかた』に会われたシスター・ベルナデッタのご遺体の写真を持って、私の部屋に飛び込んでこられたでしょう。普通、そんなことはいたしません」

「あのおかた」とは、聖母マリア様のことです。シスター渡辺は、その名前を口にするのも恐れ多いとお考えなのか、「マリア様」という直接的な名称を使うことはめったにありませんでした。

「嘘に決まっていると思ったら、私のところに写真について聞きにこられたりしませんよ。聞きにこられたのは、ひょっとしたら本当かもしれないという思いがあったからこそ。ですから、わざわざ訪ねていらしたのでしょう？」

僕は、ちょっと照れて頭を掻きました。

「私がルルドで肺炎を治してもらったことをお話ししたとき、保江先生は信じてくださったでしょ。その奇跡を、心から」

「もちろん、そうです」

僕が答えると、シスターはきっぱりとおっしゃったものでした。

「それで、もう信者なんですよ」

シスターによれば、日本人のカトリック信者の中にも、奇跡を信じない人はけっこう多いとのこと。そんなものは迷信だと公言する神父さんも少なくないといいます。医学が発達していなかった頃の迷信なのだと。シスターは、そうした考え方に批判的でした。

大学の同僚に、僕より年配の中世キリスト教哲学の教授がいました。僕はその教授と珍しくウマが合って親しくなり、彼が何故この大学の教授となったのかを知ることになったのです。

彼は、もともと神父様だったそうです。これは、その当時にあった話です。

ある日、彼の教会に小さな子どもを2人連れた若い女性が入ってきて、

「私たちは信者ではないのですが、死ぬ前に天国に行けるようお祈りをしていただけますか」

といったそうです。

「お祈りはいたしますが、ご病気ですか」

と聞くと、その女性は自分の不幸な状況を話し始めました。

親戚からも見捨てられ、行くところがない。生きていくすべもない。だから、これから子どもたちを連れて、そこの川に身投げをしようと思っているというのです。無理心中をしようとしている母子を、放っておくわけにいきません。神父様はなんとかその女性を説得し、気持ちを変えさせようと試みました。

しかし、いくら言葉を尽くしても無駄でした。今晩、泊まるところもないし、これから住むところも、住むお金もない。子どもたちを食べさせる手立てもない。

「だから、死ぬしかないのです」

そういい張る女性にいくら美辞麗句を並べても、心変わりさせることができませんでした。

「そのときくらい、神父としての力のなさを感じたことはなかった。日頃から偉そうに説教していても、肝心の今、私は、このかわいそうな母子を助けられないのか!」

そう自問したとき、母子は頭を下げて教会から出ていこうとしましたが、最後に礼拝室のキリスト像に十字を切った神父は走っていき、母子を引き留めたそうです。神父はその若い母親に「僕が養います」といって、結婚を申し込みました。それしか救う方法がなかったのです。

しかし、神父は結婚できません。教会は激怒し、「女に騙されて地獄に落ちた」と非難され、神父の資格を剥奪されてしまったそうです。

神父でなくなったのですから、今度は神父自身が食べていく手段がなくなりました。そんなとき、救いの手を差し伸べたのが、シスター渡辺和子だったのです。

「うちの大学で、講義でもなさったらいかがですか」

と申し出られたといいます。

その結果、元神父の彼は、ノートルダム清心女子大学のキリスト教哲学の教授となり、家族を養っていくことができたのです。

この話を聞いて、「シスターに助けられたのは、僕だけじゃないんだ」と思ったことはいうまでもありません。僕もシスター渡辺に雇ってもらえなければ、路頭に迷うところでしたから。

シスター渡辺は、この神父様の件でも周囲からずいぶん非難されたそうです。破門された破戒僧である元神父を教授に雇うとは、言語道断。「あのシスターはなんだ？」と。

しかし、シスターは折れませんでした。

「神父様は、正しいことをされました。聖人面をして、そのままその母子を行かせてしまったら、死んでいたんですよ。母子3人を救ったんです。それは、正しい行いです。

そのかたに来ていただいて学生を指導してもらうことの、いったいどこがいけないんでしょうか」

シスターにとっては、信者であるかどうかは決して重要なことではなかったのです。

そう、僕がベルナデッタの写真を学長室に持ち込んだ頃からでしょうか。日時ははっきりしませんが、シスターが別れ際に「さようなら」とか、決まりきったフレーズを口にならなくなりました。代わりに、いつもこうおっしゃるようになったのです。

「『あのおかた』にお願いしておきますね」

この後、シスターが常々マリア様に願ってくださったことが、僕の命さえも救うことになります。

シスター渡辺和子の愛について

いったい、いつの頃から僕とシスター渡辺が「名誉息子」と「名誉母親」を名乗り合うようになったのか、はっきりとはわかりません。

シスターが毎日、過酷な日々を過ごされているのはわかっていましたから、少しでも気晴らしになればと思い、僕は機会さえあればシスターをお食事に連れ出すように努めてきました。そうやって出かけた先のレストランで、ある晩、ワインを傾けながら食事をしているとき、たまたまそんな話になったのでしょう。

僕は母親を知りません。物心ついたときから、母親がいない家で育ちました。

「僕も母親がいませんし、シスターも結婚していらっしゃらないので、お子さんがいらっしゃいませんから、これからはお互いに『名誉母親、名誉息子』と呼ぶのはいかがでしょうか」

と提案すると、シスターも「それはよいですね」とあっさり受け入れてくれたのです。

そんなわけで、できの悪い放蕩息子の僕は、シスター渡辺に本当によく叱られました。

岡山でも、東京でも。


僕は、約束したわけでもないのに、思いもかけないところで偶然シスターにお会いすることがよくありました。しかも、東京駅や、東京の雑踏の中でバッタリ出会うのです。

ある日、僕が東京で御茶ノ水駅に通じる橋を渡っていると、少し先にアタッシュケースを持って一人、颯爽(さっそう)と歩いている修道服を着た女性がいました。


「あ、これは絶対シスター渡辺だ」


そう思って声をかけると、やはりそうでした。

そのとき二人で偶然の再会を喜び合っていると、あいにくなことに東南アジア系の人たちがシスターの周りに集まってきてしまいました。修道服のシスターを見て、寄付を求めてきたのです。

ちょうどそこは、橋のたもとにあたり、通り道が狭くなっていました。そこに、人がどんどん集まってきて、シスター渡辺と僕の二人は身動きが取れなくなりつつあったのです。「困っているアジアの子どもたちのために」という題目の寄付でしたから、「まあ、いいか」と思った僕は、財布を出そうとしました。

それを止めたのは、シスター渡辺でした。

「先生、おやめください」

とおっしゃると、シスターは自分の周りに人を寄せ付けないバリアを張り、寄付を求める人たちの輪を割って歩き出しました。ようやく、御茶ノ水駅に入ろうとするところで歩をゆるめ、シスターが教えてくださいました。

「私どもの修道会は、いろいろな国・地域・さまざまの組織にかなりの金額を寄付させていただいています。寄付金は毎年、修道会が行うべきところにきちっと行っています。こういうところで出すことも簡単ですが、その場の思いつきでするのはよくありません。いっときの恵みは、ためにはなりません」

なにしろできの悪い名誉放蕩息子ですから、こうした考えのない行動を取って名誉母親のシスター渡辺にたしなめられることがたびたびあったのです。

そんなシスター渡辺にとって、師にあたる人といえばマザー・テレサということになるでしょう。

1984年にマザー・テレサが来日した際、シスターが通訳を務めました。マザー・テレサは、お忙しい中を岡山にも立ち寄ってくださり、大学キャンパスの中にあった修道院にお泊まりになったのです。

マザーが修道院にお泊まりになった夜に学生たちと話したいと要望され、大学の寮にいる学生たちと歓談する時間も取られました。

最後に、学生たちがお金を出しあい、学生の代表が金一封を「お役立てください」とお渡ししようとしたのです。すると、マザーはそれをむしり取るように学生から奪い取り、すぐに懐に入れたのです。

何故、マザーがそんな粗暴な行動を取るのか、学生たちはキョトンとしていました。

そのとき、

「マザーがいらっしゃるインドの貧民街は、ちょっとお金を手にしただけで心ない人たちがわっと集まってきて取られてしまうところです。ですから、せっかくいただいた寄付金を、マザーはいつでもどこでもしっかり守らなければならないのです」

と、シスターが学生たちに説明してくださいました。

また、修道院へお連れする途中で、シスター渡辺がマザーと二人だけで話す機会があったそうです。そのときのことを、シスターが教えてくださいました。

「マザーは、フラッシュが焚かれると、向けられたカメラにいつも微笑みを向けていらっしゃいました。考えの足りない私は、『マザーは愛想のいいかただ。カメラがお好きなのかしら』と、通訳しながら思っていたんですよ」

「そうではなかったのですね？」

「ええ。マザーは、『フラッシュが焚かれるたび、道端で亡くなられる人が、神様の御腕に抱き取られるように、私は笑顔をしますと神様にお約束しているんですよ』とおっしゃったのです。

私は修道院に初めて入ったとき、食事の食器を置くときも、一つひとつ祈りを込めながら置くように教えられました。その教えを、マザーはこのような多忙なスケジュールでお疲れの最中にも、実践なさっていたのです。

私は、自分がまだまだいたらないと思いました。マザーはあれだけ素晴らしいことをなさっているのに、すごいことをしていると考えておいでではないのです。本当に無私のかたでした。神様へのお勤めとして、一つひとつのことをなさっている。カメラに笑みを向けるのも、マザーの祈りなのです。

私は、学長であるとか、2・26事件の生き証人だとか、そんなふうに見られることが多く、いつしか、それがあたりまえになっていました。それではいけないのです。私は自分が恥ずかしくなりました」

マザー・テレサが、一つひとつの微笑みにも祈りを込めていたように、シスター渡辺も、一つひとつの仕事に打ち込んでいたのだと思います。

シスターの仕事ぶりを示す、エピソードがあります。

今から25年ほど前のことです。ある出版社から頼まれた僕は、二人の若い女性編集者を吉祥寺の修道院へとお連れしたことがありました。シスター渡辺の本を作りたいというのです。

シスターは放蕩息子の頼みを受け、

「しかたないですね。書かざるを得ないでしょう」

と引き受けてくださいました。


ところが、その本がいつまで経っても出版されません。実は、シスターが激怒して、原稿を編集者に向かって投げつけたことが二度もあったそうです。

要するに、シスターのお考えをきちんと反映した本にはなっていなかったのでしょう。シスターは、適当なやり方を受け入れられるかたではありません。

結局のところ、何年かかってもだめで、そのまま塩漬けになってしまいました。

それでも、なんとかまとめたいと考えた出版社の社長さんが乗り出してきて、ようやく原稿が仕上がったのです。原稿量が少ないので、新書版で活字を大きくし、失礼のないように5000部印刷してシスターに勘弁してもらうというのが、出版社の最終的な判断でした。

「もう勝手にしなさい」

とだけ伝えて、シスターは席を立ったと聞きます。

こうして、やっと世に出されたのが『置かれた場所で咲きなさい』（幻冬舎）でした。この本は、３００万部を超える大ベストセラーとなりました。３００万部ですから、印税も大変な額になります。

「僕が紹介したのですから、最初に僕に1割くださるようにお願いすれば、けっこうなお金になったのに、おしかったなあ」

放蕩息子が冗談でそんなことをいうと、シスターは笑っていらっしゃいました。

「そうおっしゃったのは、保江先生が初めてじゃありませんよ。同じようなことをおっしゃった神父様が何人もいらっしゃいました。ご存じないかたが多いのですが、シスターというのは個人財産は一切持てないのです」

知りませんでした。修道女は、お金も、個人の服も、個人財産は何ひとつ持てません。全部、修道院のものなのです。一方、神父様は、なんでも自分のモノとして持てるのだそうです。自分の車、自分の家……。

「こういってはいけないかもしれませんが、カトリックって、けっこう男尊女卑の社会なんですね？」

放蕩息子が正直な感想を述べると、シスターは苦笑していました。ただ、財産家ご出身のシスターだったりすると、高島屋デパートで特別にあつらえたような高価な修道服を着ているかたもいるそうです。

シスター渡辺の修道服は、最後まで極めて質素なものでした。ノートルダム清心女子大学の卒業生で、大学の家政学科の先生となった女性が縫ってくれた修道服をいつも着ていらっしゃいました。

交通手段も倹約を重ね、外国出張のときの飛行機はいつもエコノミークラスです。交通費を安く上げるため、よくJRの「青春18きっぷ」を使っていらっしゃいました。

そして、大ベストセラーの印税は、シスターのお父様である渡辺錠太郎教育総監の名を冠した教育基金として運用され、岡山県の高校生の奨学金として使われています。

僕が50歳のときでした。

夏休み中に便秘が1ヶ月も続き、これはいくらなんでもおかしいだろうと思って診察を受けると、直ちに緊急手術となりました。しかも、お腹を開けてみたら大腸ガンで、既にあちこちに転移した状態でした。

急遽、内臓をすべて外に出して見えているかぎりの病巣を切り取り、再び残った内臓を入れて閉じたといいます。当初2時間の予定の手術が、6時間かかりました。

手術後は、背中を焼け火箸で刺されるような痛みが走りました。あまりの痛さにひたすら眠ろうとしましたが、目をつぶると瞼の裏に恐ろしい地獄絵が浮かびます。目を開けると、激痛が襲ってきます。目をつぶると、地獄絵。それを無限にくり返していました。

目を開ける、目をつぶると表現しましたが、それはあくまでも僕の意識内でのことだったというべきでしょう。なにしろ、この手術中に2分30秒間僕の心臓は停止していたのですから。後で、そう教えられました。おそらく僕が死んでいたとき、あの地獄絵を見ていたのではないでしょうか。その地獄絵が、手術後にも浮かんできていたに違いありません。

地獄絵といっても、それは三途の川や、血の池の脇に恐ろしい形相をした鬼が立っている絵のようなわかりやすいものではありません。

それは、墨絵のような映像で、おどろおどろしい黒い流れのようなものでした。数え切れないほどの黒い蛇が何百匹も蠢（うごめ）いている。そんなイメージです。

僕は恐怖に怯え、同時に、体を貫くような激痛にも苦しめられていたのです。

そのとき、ふと脳裏に浮かんできたのは、大学構内のうす暗い廊下の隅にある、小さな聖母像でした。苦しみ悶えながら、僕はいつしか藁（わら）にも縋（すが）るような気持ちで、マリア様に祈っていました。

すると、暗い視界の右下隅に、ポツンと白い点が現れました。祈り続けるうち、その白い点が大きくなり、視界を占領したおどろおどろしい墨絵を覆い始めたのです。視界の中で次第に大きくなった白い点は、白い鳩の形を取りつつありました。白い鳩の映像がみるみる広がり、黒い墨絵をすべて覆ったとき、痛みや恐怖はすべてなくなっていました。

こうして僕は、2分30秒間死んだ後、この世界に戻ってくることができたのです。

ともあれ、手術が無事に終わり、集中治療室で一晩寝てから、一般病棟に移りました。最初に見舞いにきてくださったのが、シスター渡辺和子でした。

大学には、入院して手術を受けるという病欠の連絡を入れていただけでした。病院の名前も告げていませんでした。ただ、僕の助手の女性が気をきかせて、シスター渡辺にだけは、「保江先生が、こういう病気で緊急手術を受けています」と、知らせたらしいのです。

病室にシスターがふらっと入ってこられたので、びっくりしました。

シスターは僕の顔を見て、

「このお顔なら大丈夫ですよ」

と一言。「大丈夫ですか」とか、「大変でしたね」などといった言葉はお使いになりませんでした。

「あ〜、安心しました」

それだけおっしゃると、スッと帰られてしまったのです。

僕はあっけにとられてしまいました。あまりに一瞬の出来事で、僕はシスターの言葉にほとんど反応することさえできませんでした。しかし、後から考えると、それで元気をもらえた気がするのです。

「そうか、そんな程度なのか、俺の病気は。なんとかやっていけそうだな」

と。如何にもシスターらしい、励まし方だったのではないでしょうか。

退院後、既に学長から理事長になられていたシスター渡辺に、ご挨拶に行きました。

「どうやら2分30秒くらい、心臓が止まっていたらしいのです」

お見舞いにきていただいたときには話す時間がありませんでしたから、さっそく報告

しました。すると、

「あなたは、あのおかたにいつも助けられているから大丈夫だったのですよ」

と、シスターはおっしゃるのです。とっさに、「あのおかた」がわからず、

「あのおかたってどなたのことですか」

という放蕩息子に向かってシスターは、

「マリア様ですよ」

と教えてくださいました。

そういえば、その何年も前からシスターはいつも、僕がマリア様に助けられていると口

になさっていたのです。

別れ際にも、

「あのおかたにお願いしておきますからね」

と、いつもおっしゃってくださっていたのです。

僕が、手術中に一度は死んだ体験の話をして、

「白い鳩が現れて、すべてが変わったんですよ」

とお伝えしたところ、シスターはひどく納得したような様子なので、

「鳩は、意味があるんですか？　平和の象徴であることはわかりますが」

とお聞きすると、

「違いますよ。カトリックでは、白い鳩は精霊の象徴です」

と教えてくださいました。

受胎告知

精霊とは、カトリックでは神の息吹、神の御働きとされています。
エル・グレコの描いた「受胎告知」という名画があります。ある日、聖母マリアのもとへ大天使ガブリエルが降臨し、聖母マリアが聖霊によって神の子イエスを身ごもることを告げる場面が描かれています。ここにも、白い鳩が飛んでいます。

死亡体験中に白い鳩が現れたということは、そこに神の御働きがあったということなのでしょう。

「では、精霊が現れて、僕を救ってくださったということでしょうか」

「それは、あのおかたへの祈りが通じたからなのです」

「では、僕もルルドにお礼参りに行かなくてはなりませんね」

半分冗談のつもりでいったら、シスターは真剣な口調で言葉を返してくださいました。

「ぜひお行きなさい。あのおかたに呼ばれているのですよ」

シスターは毎朝5時に起きると、修道院の中の礼拝堂で、一人で祈ることを日課としていらっしゃいました。この習慣は、シスターが仕事に追われてどんなに忙しいときにも、必ず守られてきました。

もしも外出する用事がなければ、早朝のミサを含めて、朝、昼、晩、就寝前の計5回の祈りを欠かされたことはありませんでした。

また、何か重大な出来事があったり気がかりなことがあったりしたら、必ず礼拝堂にこもり、お一人で祈られていました。

マザー・テレサの教えに、

「祈りを唱える人ではなく、祈りの人となりなさい」

というお言葉があります。シスターは、そのお言葉を文字どおりに実践なさったのだと思います。生涯を通じて、祈りの人であり続けたのです。

そして、祈りの中で、神様と、マリア様とひたすらつながろうとした。いや、確かにつながっておられた。神様やマリア様とつながったところから、

「あのおかたにお守りされているのですよ、信じてらっしゃらないのですか」

という言葉も、確信を持って紡ぎ出されてきたのです。

それに、祈りの人でなければ、シスターの身の上に次々降りかかってきた災厄にとうてい耐えることはできなかったでしょう。学長になって以来、学内では足を引っ張られ続け、修道院も、平穏な場所ではありませんでしたから。

また、次々と病にも襲われました。それは、まさに試練の人生でした。

「神は、力に余る試練を与えません」

シスター渡辺和子は、苦境にある人を励ますとき、よくこの言葉を使われました。悩みのない人生などあり得ないし、思うがままにならないのはあたりまえのこと。逃げずに試練に立ち向かっていけば、乗り越えられる。悩みがあるからこそ、人間でいられるのだと。

神様は、シスター渡辺に実にたくさんの試練をお与えになりました。学長になって以来大学内での人間関係に悩まされ、修道院内でも安寧は得られませんでした。病にも次々襲われました。

50代は、鬱に何度も悩まされたと聞きます。60代半ば、膠原病（こうげんびょう）を発症しました。「髪を洗いたいのに腕が上がらない」「しゃがんだ姿勢から立ち上がるのに時間がかかる」「階段がつらい」などの症状が出て、最初は加齢のせいだろうと思われていたそうですが、痛みは増すばかり。総合病院で詳しく調べると、難病であることが判明しました。

2ヶ月余りの入院治療を行い、その後2年ほどかかったものの、無事に治癒。ようやく以前どおりの生活を送ることがおできになるようになりました。

ところが、その治療にステロイド薬を使用したため、今度は、ステロイドの副作用に悩まされることになったのです。副作用から骨粗鬆症になり、圧迫骨折を3度経験、身長が14㎝も縮んだということでした。

それに、なによりシスターの生涯は、9歳で父の死に立ち会うという悲劇的な事件から始まっていたのです。

シスター渡辺が、ご自分をシスターとなった少女ベルナデッタの境遇になぞらえていらっしゃったかどうかはわかりません。

ただ、シスター自身、自分は試練を与えられたのだという自覚をお持ちでした。僕も、そういう覚悟のお言葉を聞いた覚えがあります。

「私が大学の学長になったことは、試練を与えられたのだと思っています。この試練に耐えて、一人で進んでいかなければならないのです」

そのように、はっきり語っておられたのです。

しかし、シスター渡辺の歩まれた道はどんなに険しかったことか！　シスターに篤い信仰がなかったら、とてももたなかったでしょう。神様、マリア様と確かにつながっていたからこそ、シスターにはそれが可能になったのです。どんな試練も、神の御意思だと知っているからこそ、それを受け止め、自分の信じる道を進んでいくことがおできになったに違いありません。

シスターが僕を大学教授として雇ってくださったとき、シスターご自身が鬱状態の最中でした。僕を無理に雇えば学内に波風が立つことくらい、またご自分が非難の矢面に立たされることくらい、聡明なシスターにはおわかりになっていたでしょう。シスターの足を引っ張ることを狙っている連中に、僕という、かっこうの餌を提供することになるのですから。しかも、シスターご本人が、鬱で苦しんでいる最中でした。

そんなとき、僕を雇ってくださったのです。

普通、こんなことはできません。シスター渡辺和子だったからこそのことでした。

明治天皇のお血筋のかたからのたってのご依頼で、僕は、2016年に第24回参議院議員選挙の比例代表区に、「日本のこころを大切にする党」から立候補しました。

選挙運動は一切しないという条件付きでしたが、選挙運動をしない候補者も政見放送だけは収録しなくてはなりません。このため、政見放送の収録日に僕は、渋谷のNHKまで出かけていきました。

政見放送というのは、2回話すことができます。1回目で失敗したら、2回目にチャレンジできるのです。ただし、1回目と2回目を見比べて、どちらかいいほうを選ぶことはできません。2回目の政見放送は、1回目の録画に上書きされるルールなのです。

当日は、政見放送用の原稿を作っていき、1回目ではその原稿を見ながら、政見放送を行いました。ところが、ディレクターからダメ出しされてしまいます。僕は知りませんでしたが、原稿を手に持って読んではいけないそうなのです。否応なく、2回目の録画に臨むことになりました。

しかし、原稿を演台に置いてしまったら、僕の視力では原稿の文字がまったく読めないことがわかったのは、録画がスタートした直後でした。

既にカメラは回っていて、頭の中は真っ白。「早く話し出せ」というディレクターの身振りに促されて、僕が話し始めたのは何故か、シスター渡辺和子のことだったのです。

むろん、元の政見放送用の原稿には、シスターのことはまったく書いてありませんでした。にもかかわらず、頭の中が真っ白になったとき、僕の口をついて出たのはシスターへの感謝の言葉でした。


「シスター渡辺和子への恩義を返すために、今回、参議院に立候補しました」

と、僕はシスターにどんなにお世話になったのかを話し始めてしまったのです。


後で、党の中山恭子代表に謝りました。しかし、中山さんは、

「そんな心温まる政見放送があってもいいでしょう」

と笑ってくださいました。政見放送を見たノートルダム清心女子大学の卒業生たちから も、

「よくぞ、シスター渡辺のことを話してくださった」

との大きな反響がありました。

勤務先のスイスから日本に帰ってきて、路頭に迷いかけたところを救ってくださったのが、シスター渡辺和子でした。シスターに出会わなければ、今の自分はないといっていいでしょう。

選挙には、残念ながら落選しましたが、僕は予想以上の票を獲得できたと思っていま

す。その票が得られたのも、シスター渡辺を慕うノートルダム清心女子大学の卒業生たちのおかげに他なりません。

この政見放送のエピソードによって、自分自身の奥深いところから僕がシスターに感謝していることがはっきりとわかりました。政見放送という形になってしまったにせよ、自分がシスター渡辺和子に如何に恩義を感じ、なんとか恩返ししたいのだと考えていることを、全国津々浦々にまで伝えることができました。

「僕は、そのために出馬したのだ」とさえ考えるようになったのです。

ここで、そのときの政見放送の内容を引用させていただくことで、名誉息子である僕・保江邦夫から名誉母親としてのシスター渡辺和子への感謝の念を再度、表しておきたいと思います。

＊

（政党司会者）

続いて日本人の心と魂を揺さぶる科学者・保江邦夫。

（保江邦夫）

保江邦夫でございます。ノートルダム清心学園の理事長であるシスター渡辺和子様にご恩返しをしたくこの場に出ております。

皆様ご存じのように、シスター渡辺はお父様である渡辺錠太郎教育総監を青年将校に目の前で殺害された２・２６事件唯一の生き残り証人でいらっしゃいます。そんな悲しいご経歴をお持ちのシスター渡辺は、その後、日本の女子教育に一生を捧げてこられています。

私はそのシスターの下で、30年以上物理学の教授として働かせていただいております。シスター渡辺は卒業式のときに女子学生に向かって、「置かれた場所で咲きなさい」と見送ってくださいます。

ところが、現状を見ますと、今の日本はとても置かれた場所で咲けるような場所ではなくなっております。ブラック企業とか奨学金の返還の負担、そういった問題が山積みです。

こういった問題をなんとか解決することで、シスター渡辺にご恩返しをしようと思っております。

どうか皆さん、選挙に行って「日本」と書いてください。「日本」と書くだけでこの国が変わります、良くなります。

どうかよろしくお願いいたします。

＊

左: 保江邦夫博士　右: シスター渡辺和子氏

左: シスター渡辺和子氏　右: 保江邦夫博士

パート2　ある父親の愛

村上光照禅師の愛

これまでのところでは、名誉母親である渡辺和子シスターが40年間にわたって名誉息子である僕・保江邦夫に気づかせようと、日々の言動の中にソッとお示しくださっていた真の愛の姿についてお伝えしてきました。

僕自身がやっとそれに気づくことができたのは、ごく最近になってからのことであり、まさに意味のある偶然の一致であるかのような木村秋則さん、ジャック・マイヨール、はせくらみゆきさんからの貴重な教えの連鎖によるものだったのです。

そして、このときの偶然の一致の連鎖はそこで終わることなく、その後もこの僕に、シスターの「愛言葉」である「Let it be.」の大切さを再認識させてくれる出来事が続いていきました。

以下においては、その中から特に重要だと思われる「真の愛」についての事実の幾つかを厳選してお伝えしたいと思います。

まず最初に訪れたのは、禅の老師である村上光照師が晩年に語ってくださっていた、禅の極みについての以下のような貴重な教えでした。

＊

自分自身というものは、しゃべっている、意識的に考えたりしている……、これは亡くなったら消える。それを支えているものは、しゃべらせているものは、自分の本体というものは消えません。

それを発見しないで、外のもんばかり追っかけて人生終わる人多いけどね。それを「我」というの。

そやからね、心ねじけたらねじけた考えするし、心きれいな人はきれいな考え方する。自分の成り立ち知らんとな、100年か50年かしらんそれっきりじゃわ。

過去もありゃ、来世もあるでしょ。それを貫いているものを発見することのスタートがまず「禅」から始まるのね。「禅定（ぜんじょう）」という世界に達すると、人だけしか達せませんが、自分を超えてあらゆる生きとし生けるものが、もう……可愛くて可愛くて、我が子になってしまう。

「禅」というのはね、世界全体、自然全体が、……一切のものが、神様の子が、全部自分の子になるようでね。愛おしゅうて、愛おしゅうて、蝶々一匹でも蟹一匹でもね、可愛うて、可愛うて。人たるもの、そういうことができる生き物なんです。それを発見するのが、最初の段階。自分を超えたものから見てるからね。いろんな力が湧いて出だすわね、自分という「魂」通してね。

死ぬとき、生きるときとか、そんな世界を乗り越えてしまう世界に入らなきゃな。人はそれだけのことができる……。

*

もちろん、僕自身は禅についての深い知識は持ち合わせていませんでしたし、そもそも村上光照老師というお名前すら存じ上げませんでした。

それが、どういうわけか映画監督の木村衛(まもる)氏からのご依頼で、公開前の映画『DAIJOBU』の試写映像を観ての感想を求められたのです。

その映画は、大阪の武闘派暴力団を率いる川口和秀組長と、晩年の村上光照老師との間の心の交流を描いたルポルタージュであり、現代においてヤクザの道を文字どおりの仁侠道にまで高めた人物として高名な川口組長の表情に、村上老師が見事に映し出されている秀作でした。
中でも、川口組長が禅の境地とはどのようなものなのかと問いかけたときの老師の返答を聞いたとき、僕がしばらくの間スクリーンに釘付けになってしまったのには自分でも驚きました。映画を観ていて、そのようなことになるのは初めてでしたから……。

そのときの僕の頭には、

「愛おしゅうて、愛おしゅうて、可愛ゆうて、可愛ゆうてという気持ちになるの」

という、どこまでも優しい村上老師のお言葉が木霊し続けていました。
感動とともにエンディングまでを観終わった僕は、気がついたら「神の愛」に接していたのです。そう、その直前に木村秋則さん、ジャック・マイヨール、はせくらみゆきさんのおかげでようやく気づくことができた、名誉母親である渡辺和子シスターによる「真の

愛」の教え、

「Let it be. あるがままに」

は、「勝手にしなさい」とか「好きにしなさい」という突き放すような冷たいものでは決してなかったことを確信できたのですから。

シスターの愛言葉「Let it be.」は、常に「神の愛」として心の奥底に浮かび上がってくる、

「愛おしくて、愛おしくて、可愛くて、可愛くて」

という気持ちから発せられる、限りなく温かく優しいものだったのです。

この素晴らしい事実を教えてくださった村上光照老師ですが、実はお若いときには日本で最初にノーベル賞に輝いた理論物理学者・湯川秀樹博士のご指導を仰いでいた物理学

徒だったのです。

もちろん、僕よりも20歳ほど年長ですからお目にかかるチャンスはなかったのですが、同じ湯川門下の末席を汚していた僕に、大先輩である村上老師の映画『ＤＡＩＪＯＢＵ』についてのコメントが求められてきたのはまことに光栄なことであり、シスターの愛言葉「Let it be.」を、僕が正しく体現するための神様の御配慮があったとしか考えられません。

若き日の村上老師は、湯川秀樹先生に将来を嘱望されていた優秀な物理学徒だったのに比べ、この僕といえば、晩年の湯川先生に押しかけて京都大学の基礎物理学研究所（湯川記念館）でしどろもどろのセミナーをわずか２回、聞いていただいただけのホンの駆け出しの物理学徒でしかなかったのです。

本来ならもっと上の先輩が今回の映画評を求められるはずだったにもかかわらず、何故か僕に話が回ってきたのには、やはり偶然の一致の中に見られる神の采配があったとしか思えません。

あるいは、天に召された名誉母親である渡辺和子シスターが、せっかく「真の愛」に気づくことができたにもかかわらずそれを正しく体現できそうもない名誉放蕩息子の僕を案じて、いつものように「あのおかた」である聖母マリアにお願いしてくださったのではないでしょうか。

やはり渡辺和子シスターもまた、僕や大学卒業生だけでなく、生きとし生けるものすべてを、

「愛おしくて、愛おしくて、可愛くて、可愛くて」

というお気持ちで見守ってくださっているに違いありません。

だからこそ、名誉放蕩息子であっても映画『ＤＡＩＪＯＢＵ』の感想を次のように紡ぐことができたのではないでしょうか。

＊

日月星辰森羅万象（じつげつせいしんしんらばんしょう）の内側から宇宙を理解しようとしてきた同じ物理学徒の大先輩が、「禅」を究めることで自分を超えて大きく飛躍し、大自然のすべて、三千世界一切の

ものが愛おしく映る世界へと旅立たれた。

この映画は、その偉大なる先輩・村上光照師が生き抜いた「禅定」の世界での、さりげないめぐみに人みな憩える日々を静かに、どこまでも静かに描いていく。

「愛おしゅうて、愛おしゅうて、可愛うて、可愛うて」と聞こえてくる師の肉声は、観る人の心の奥に大きな力を湧き出させてくれるかのようだ。

＊

そして、僕の頭の中には映画『ＤＡＩＪＯＢＵ』の最後に歌われていた村上光照師作詞の歌『木草ゆらぐ候』が、心地よく流れ続けていたのです。

＊

この朝の
青の光の
この雨は
めぐみの命

みちみちて
ナムアミダブとナムアミダブと
ふりにける
それは静かに
ふりにけり
それは静かに
ふりにけり
ものみな
憩える
静寂の中に

*

聖フランチェスコの愛

アメリカ合衆国の西海岸に位置する大都会サンフランシスコの名前が、中世のイタリアに生きたキリスト教の聖人「アッシジの聖フランチェスコ」に由来していることは日本でもよく知られていますが、その人物がどのような働きをして人々の深い信仰の対象となったかについては、ご存じない向きのほうが多いのではないでしょうか。

かくいう僕自身も、例外ではありませんでした。

それが僕の心に飛び込んできたのは、今から5年ほど前のこと。

その日は珍しく時間が空いたので、品川にある大型の映画館に行き、人気のハリウッド映画を観ることにしました。上映が終わって館内を出口に向かって歩いていたとき、目立たない小さなポスターがふと目に止まったのです。写真もイラストもないほとんど無地のポスターの中央部分に、映画のタイトルとおぼしき文字、

『15時17分、パリ行き』

がひっそりと記されていただけのものでした。

一瞬、そのまま歩き続けたのですが、出口が近づくにつれて急に足運びが重くなって立ち止まってしまいます。

いったいどうしたことかと考える間もなく、踵(きびす)を返した僕は一直線に映画鑑賞チケットの販売機へと向かい、ちょうど30分後から上映予定のその映画のチケットを購入してしまったのです。自分の意志でそうしたというよりも、思考のはるか奥底にある無意識の領域の働きだったとしか考えられません。

ともかく、チケットに記された上映シアターに入ってみると、他には数名の客しかいないようです。

ハリウッド映画やフランス映画をこよなく愛する僕でもまったく知らなかった作品であれば、きっと無名の監督の手になるB級作品だったのかもしれない。そんな後悔の念を押し殺しながら、僕は体を座席に強く押しつけて本編上映前の予告編を眺めていました。そうでもしないと、席を蹴って帰ってしまいかねないと思ったのです。

そして、本編上映の前半は無名のアメリカ人俳優ばかりが登場し、3人の男の子が学校をサボってサバイバルゲーム、つまりモデルガンを振りかざしてやる戦争ごっこに興じる場面と、それぞれの母親が校長先生に呼びつけられる場面、その小さな田舎町の大人たちから白い眼で見られる場面、それでも3人が仲良く集まって互いに将来の夢を語り合う場面が続いていきます。国を守り、人々を守るために働きたいという……。

3人のうちの2人はハイスクールを出てから望みどおり軍隊に入り、1人は普通に社会人となるのですが、そこでもやはり、頭を打って挫折を味わってしまう場面など、まったく無名の3人の大人の俳優が演じます。

どうもその3人が主役のようですが、かなりの数のハリウッド映画を観てきた僕が、一度も見たことのない3人でした。とはいえ、その演技力はなかなかのもので、どの場面もすこぶる自然に演じていたのが印象的でした。

そして後半で、軍隊の中でも人々を助けるレスキュー隊を志望していた1人がその夢を絶たれたとき、気分を立て直すために初めてのヨーロッパ旅行を計画します。

そのとき、子どものときに一緒にサバイバルゲームに興じた2人にも久し振りに声をかけて同行してもらうことになり、3人の典型的なアメリカ人青年のドタバタ弥次喜多道中が始まります。

文通相手のイタリア人女性を訪ねる場面に続いて、夜の街で女性と出会えることで有名なオランダの首都アムステルダムに行けというイタリアの老人の言葉に従う場面、そのアムステルダムでは夜のクラブやホテルでとことん羽目を外す場面が流れたとき、これではジョージ・ルーカス監督の名作『アメリカン・グラフィティ』の真似をした駄作中の駄作だと思い始めてしまいます。

ところが、ところが……、なのです。後半部分に突入してからの最初の場面では、日が高くなってからホテルの部屋で目覚めた極度の二日酔いの2人が、予定では15時17分アムステルダム中央駅発のパリ行き高速鉄道タリスに乗ることになっていたのを取り止め、もう一晩アムステルダムの男性天国を味わおうと提案するのですが、軍隊でレスキュー部隊に入れず意気消沈していた信心深い残りの1人が、毎晩寝る前に唱えている祈りの言葉を思いながら、予定どおりにパリに行くことを強く主張します。

そして、そこから物語は急展開を見せ始めるのですが、な、な、なんと、その祈りの言葉というのがキリスト教カトリックの世界ではよく知られた「聖フランチェスコによる平和の祈り」だったのです。

＊

主よ、わたしを平和の器とならせてください。

憎しみがあるところに愛を、

争いがあるところに赦(ゆる)しを、

分裂があるところに一致を、

疑いのあるところに信仰を、

誤りがあるところに真理を、

絶望があるところに希望を、
闇あるところに光を、
悲しみあるところに喜びを。
ああ、主よ、慰められるよりも慰める者としてください。
理解されるよりも理解する者に、
愛されるよりも愛する者に。
それは、わたしたちが、自ら与えることによって受け、
赦すことによって赦され、
自分のからだをささげて死ぬことによって、
とこしえの命を得ることができるからです。

*

そして、3人の若者がアムステルダムに別れを告げて乗り込んだ15時17分発のパリ行きタリスは、中東系のテロリストによって乗っ取られてしまいます。

誰もが高速走行中の列車の中を逃げ惑う中、その3人の若者は子どもの頃のサバイバルゲームや軍隊での格闘訓練、さらには聖フランチェスコの祈りによって自分たちがするべきことだと確信した結果、素手で重武装のテロリストに挑み、最後にはテロリストを制圧して乗客を救ってしまうのです。

こうなったら僕の好きなハリウッドのアクション映画としても、観応えのある作品として評価が急上昇。

最後のほうでは、フランス大統領から彼らの勇気と栄誉を讃える勲章を授与される場面に続き、アメリカの郷里に戻ったときには田舎町を上げての凱旋パレードの場面までが流れたのには、如何にもアメリカ人好みの演出だと笑ってしまいました。

周囲からは鼻つまみ者として見られ、実際にいつもうまくいかないことばかりだった3人の若者が、最後の最後で意を決して人々を救い悪者を倒してしまう。

そして、音楽隊パレードが待つ地元に華々しく凱旋するという最後の場面は、僕の好きなクリント・イーストウッド監督の映画『ハートブレイク・リッジ』のエンディングそのものだったからです。

いつものように、エンディングテロップが流れ終わるまでほのぼのと銀幕を眺めていた僕に、しかしながらまったく予期できなかった嬉しい驚きの瞬間が訪れます。

そう、そこに記されていたのは、この映画の制作・監督がまさにクリント・イーストウッドその人だったのですから！

しかも、しかも、なのです。映画のストーリーは架空の物語ではなく、2015年8月21日にアムステルダム発15時17分のパリ行き高速鉄道タリス車内で実際に起きた、テロリストによる銃乱射事件の実話そのものだったのです!!

それを知った僕の気分はますます高揚し、自分がまるでその3人の若者になったかのような雰囲気で映画館を後にしました。いやー、実にいい映画だったのです。

余韻に浸りながら歩いて帰っていた僕の頭に、しかしひとつだけ小さな疑問が湧いてきます。それは、フランス大統領が3人の若者に勲章を授ける授与式の場面だけ、映像が少し荒っぽくなっていたことと、そこでフランス大統領を演じた男優が見事なソックリさんだったことです。

しかし、数日後に再び大いなる驚きと感動とともに、その疑問も霧散してしまいました。それは、映画『15時17分、パリ行き』についての評論などをネット検索していた折に、映画制作の背景を読んだときです。

たまたま全米ライフル協会の会合で、高速鉄道タリス車内での銃乱射事件のことを知ったクリント・イーストウッド監督が、その実話に忠実な映画を作ろうと思い立ったとのことでした。そして、事件解決の立役者である３人の若者に会って、直接彼らが育った環境やヨーロッパに行くことになった経緯、さらにはタリス車内での行動や気持ちを詳細に聞き出したそうです。

それが脚本になり、３人の若者を演じるハリウッド俳優を決めなくてはならないとき、クリント・イーストウッド監督はハリウッド映画始まって以来、おそらく初めてであろう前代未聞の選択をしてしまいます。

なんと、実際の当事者である3人の若者自身に、自分の役を演じてもらうことにしたのです！

それだけではありません。実際に事件のあった高速鉄道タリスの同じ車両を走らせて映画を撮影したとき、運悪く事件当時、それに乗り合わせていた本当の乗客の皆さんにも声をかけ、各自が座っていた同じ座席に納まってもらい、まさに事件のときの行動を再現してもらったのです!!

ですから、フランス大統領が3人の若者に勲章を授与するときの映像は、実際の授与式の記録映像をそのまま使用した……、そのためそこだけ映像の精度が映画映像よりも劣っていたというわけ。そう、映画に登場したフランス大統領はソックリさんではなく、本物のフランス大統領だったのです。

そんな映画界始まって以来の手法を用いてクリント・イーストウッド監督が描きたかったのは、どこにでもいる平凡な人間であっても、毎晩「聖フランチェスコの平和の祈り」

を唱えることで、いざというときに自分を捨てて悪に立ち向かい、大勢の人々を助けることができる強さを秘めることができるという素晴らしい真実だったと信じるのは僕だけではないでしょう。

僕が映画『15時17分、パリ行き』と題するハリウッド映画に感動し、この聖フランチェスコの祈りを知って数ヶ月後、新型コロナウイルス感染症がイタリア全土に拡がったために留学先のフィレンツェから急遽脱出してきたはせくらみゆきさんと、東京で会う機会がありました。

フィレンツェでイタリア中世のキリスト教宗教画の研究をなさっていたとき、聖フランチェスコの教えの素晴らしさに感動したはせくらさんは、この僕に二つのお土産を用意してくれていました。

それが、聖フランチェスコの肖像画をプリントした護符と、ギリシャ文字「T（タウ）」を小さな木片で細工した飾りを茶色の細い紐で吊したペンダントです。

聖フランチェスコの平和の祈りを知った直後の僕にとっては、まさに神様からの贈り物に等しかったのですが、ペンダントについてはまったく見当もつきませんでした。

そんな僕に向かって、はせくらみゆきさんは聖フランチェスコにまつわる貴重な伝承の一つを教えてくださったのです。

それは、ペンダントの細い紐には3ヶ所の結び目があり、ギリシャ語の「3」を表す言葉の頭文字が「T」ということで「フランチェスコのタウ」と呼ばれ、特にイタリアのカトリック信者の間でよく知られた「聖フランチェスコの教え」を象徴したものだということです。

その教えとは、「キリストの愛」について、それまでカトリック教会においてさえ観念的にしか捉えることができていなかったところに提唱された初めて具体的にわかりやすくなった、革新的な標語のようなものだったのです。

T（タウ）型の十字架は、一番古い十字架の形と呼ばれていて、聖フランチェスコが好んで使っていたそうです。意味するところは、横棒が天、縦棒が大地（人間）を表し、両者が一つとなって、真実・言葉・光・善を希求する、という象徴なのだそうです。

そして三つの結び目の正式な解釈は、「清貧・貞潔・従順」を示しているとのこと。それをはせくらさんがイタリアで聞いたとき、違和感というか、完全に納得できるわけではなかったので、直接、聖フランチェスコの廟（びょう）の中で瞑想して、本人から聞いてみよう、と思われたそうです。

そして、それを思うやいなや閃（ひらめ）かされた言葉が、

「伸びやかに、軽やかに、あなたのままに」

だったのです。

同時に、その質感も伝えられたとのこと。それは……、

伸びやかに　心に何も荷物（心配や欺瞞、不満）を持たないからこそ、伸びやかでいられる

軽やかに　清らかであろうとする心があるからこそ、
軽やかに飛び立つことができる。

あなたのままに　素直であろうとする心は、
天に対しても素と直でつながり合う心であり、
そのあらわれが、あなたのまま、あなたらしさを生きることである。

ということでした。
こうして清貧は「伸びやか」に、貞潔は「軽やか」に、従順は「あなたのままに」と言葉を変え、今の時代へと飛翔したように感じたそうです。
この三つの要素が相(あい)まったときに、天地人が融合、合一し、人の栄えがそのまま、天の御心、栄えとなり、天なる想いも成就するというのがはせくらみゆきさんのお考えです。

「伸びやかに、軽やかに、あなたのままに」


これが、聖フランチェスコが悟った「キリストの愛」についての真意だったのです。

そう、最後の「あなたのままに」という表現からはっきりとわかるように、この「聖フランチェスコの教え」もまた、

「Let it be.」


という「シスターの愛言葉」そのものとなっているではありませんか！

ここでもまた、はせくらさんはこの僕に対して名誉母親である渡辺和子シスターの教えに気づくチャンスを、既に与えてくださっていたのです!!

ところが、ところが……、なのですねー。そこは名誉放蕩息子の真骨頂。

せっかくの「聖フランチェスコの平和の祈り」や「フランチェスコのタウ」のマイブーム

も新型コロナウイルスの陰に消えてしまい、4年も続いたパンデミックがやっと終息した2023年の年末まで完全に忘れてしまっていました。

だが、but、しかし！　はせくらさんの凄さは、それこそとことん僕を底上げして止みません。

どういうわけか、年の瀬も押し詰まった12月26、27日でしか3人で集まることは難しいとのことで、本当に久し振りにはせくらみゆき、矢作直樹に僕・保江邦夫を加えた鼎談本の収録をすることになったのです。

それは、はせくらさんがパンデミック以来初めて再び訪れたイタリアのフィレンツェから、ちょうどお帰りになった頃でした。開口一番、フィレンツェの土産話に続いて、

「そういえば、矢作直樹先生は、聖フランチェスコにそっくりではないでしょうか」

という言葉とともに、5年前と同じお土産を矢作先生だけでなく僕にまでも手渡してくださいました。

聖フランチェスコの護符と、「フランチェスコのタウ」を再び手にした僕に、当然ながら衝撃の閃きがやっと訪れます。シスターの愛言葉、

「Let it be.」

は、聖フランチェスコの教え、

聖フランチェスコ

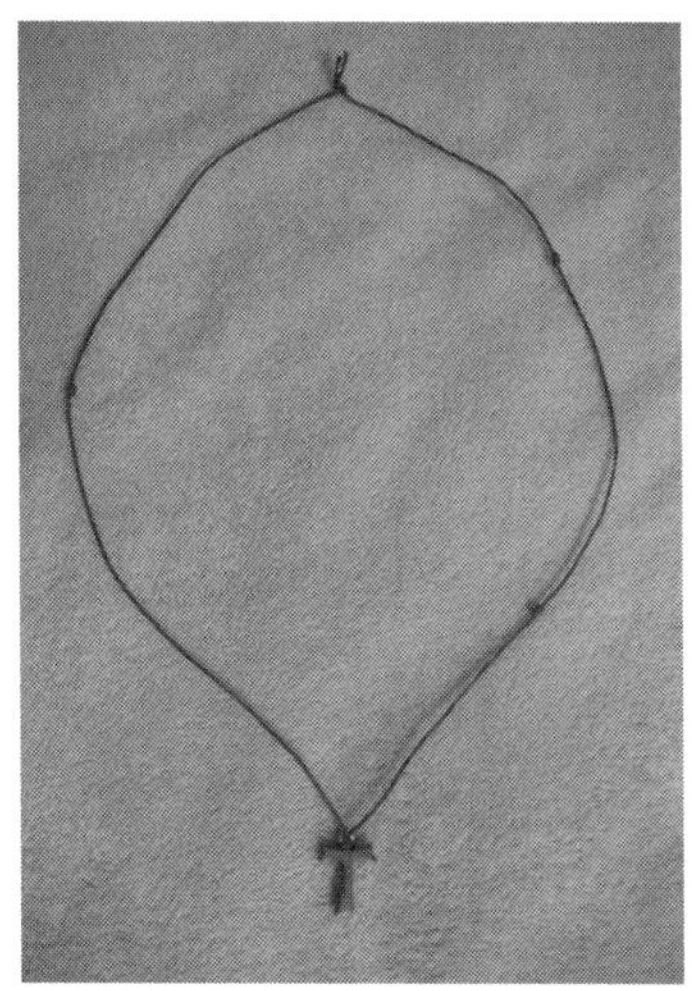

聖フランチェスコの三つ組

「伸びやかに、軽やかに、あなたのままに」

とまったく同じものであり、これこそがイエス・キリストによる愛の教えそのものだった、という！

ある父親の愛

自分自身のことをカミングアウトするのは面はゆいというか、決して褒められたことではないとこれまで決めつけてきたのですが、いつの間にか齢（よわい）72を迎えようとする今となってはそれもまた一興。

そう考えた上でのことですが、このあたりで名誉放蕩息子の文字どおり名誉挽回の意味で、ひとつだけ自慢話をお披露目したいと思います。

実は、この僕も一応は世の父親の端くれとなっていて、娘が2人いる状況にあります。父親というのは男親、つまり両親のうちの男のほうであって、性別をいわないときは単なる親というわけです。

漢字というのは典型的な象形文字とされていますから、この「親」という文字も親という存在の「形」を何らか表象していると考えられるのですが、それはあまり知られていないのではないでしょうか。そもそも、親というものの形を象徴的に表すことができるのかも、疑わしいところですから。

しかし、この「親」という文字は、親というものを深い部分で見事に象徴しているのです。まず左側の「ヘン」を見ると上に「立」で下に「木」がありますが、これを型どおりに解釈すると、「木の上に立つ」となります。

そして、右側の「ツクリ」には「見」があるので、両方を合わせると、

「木の上に立って見ている」

となるわけです。

そして、まさにこのことが「親」という存在を見事に表象していることになる……、そう、親というものは子どもをすぐ側で見ていてはいけない、木の上に立って子どもにすぐには手を差し伸べられない状況で、見ていなくてはならない存在なのだという！

これが、子どもに対する親の有り様です。子どもに任せて子どものありのままの姿を見守るというのが本来なすべきことであって、それこそが「親の愛」なのです。

つまり、自分の子どもだからといって口出しをして、思いどおりにさせようとするのは親失格なわけです。

ところが、現代の日本社会を見るにつけ、ほとんどの親御さんたちは子どもに干渉しすぎのように映ります。もっと子どもを信じて、放任してあげるべきではないでしょうか。

何を偉そうなことをいうのかとお叱りを受けてしまうかもしれませんが、実はこの僕

には、まさに「親」の字が表象する、

「木の上に立って見ている」

という「親の愛」を、2人の娘それぞれに対してちゃんと実践することができた父親だという自負があるのです。だからこそ、齢72を迎える今、自分自身が知らず知らずのうちに2人の娘に示してきた「親の愛」が、「シスターの愛言葉」である、

「Let it be.　ありのままに」

や、「フランチェスコのタウ」が示す、

「伸びやかに、軽やかに、あなたのままに」

という「真の愛」や「神の愛」の教えそのものだったのだと気づくことができたわけです。もはや、誰に遠慮することなく、そんな僕自身の「親の愛」を声高に語っていくことも許されるのではないでしょうか。

さあ、どうか最後まで、あきれることなくおつき合いください。

2人の娘のうち、長女のほうは生まれてから今日に到るまで本当に何ひとつ手をかける必要のない、自然に「木の上に立って見ていられる」ような育ち方をしたため、逆にそれが「親の愛」だなどと気づくことはできませんでした。

ところが、次女については、小さいときから何かと姉と比較されるために、公立小学校に入った頃から不満を抱えたまま育ってしまいます。

それが表面化したのは、公立中学校に通うようになってからなのですが、そこでは正義感を優先するあまり教師に反発する同級生をかばおうとして、授業中に先生の足を引っかけて転ばしたりの反抗期を迎えてしまいました。

もちろん、保護者として職員室にたびたび呼び出されるのですが、いくら担任教師に強くいわれても、家に帰ってから自分の娘に怒ったりたしなめたりする気にだけは、何故かなれなかったのです。

その結果、娘の反抗的な態度はますますエスカレート。

ちょうどそんな頃、週に1回、大阪に出ていく話が降って湧きます。カトリック大阪教区が運営している大学が尼崎にあり、しばらくの間、そこで情報処理学の授業を受け持ってほしいと頼まれました。

聞くと、単なるパソコンではなく国内最大のコンピューターメーカーの汎用機（*企業等の基幹業務システムなどに用いられる大型コンピューター）を教育用に導入したのはよいが、前任者はそのような化け物を触ったこともない人だったようで、丸1年間手つかずで埃（ほこり）をかぶっていたとのことです。

せっかく入れたのだから、なんとか活用したい。そう思って人材を探していたところに、岡山にある同じカトリック系列の女子大で汎用機を用いて授業をやっている男がいるので、ひょっとしたらこの化け物を動かすことができるのではないかと進言した人がいたとのこと。

そろそろ都会の空気を吸いたくなっていた僕は、喜び勇んで毎週火曜日に新幹線で大阪に通い始めました。

アメリカのコンピューターメーカーの東京支社でゼロから研修を受けていたおかげで、いささか牛刀の感が否めない汎用機を使ってコンピューターの授業をするには、何も困りません。

そんな気持ちのゆとりがあったため、授業の帰りには毎回、梅田界隈の大型書店に寄ったり、神戸三宮をふらついたりして、お上りさん気分を満喫していたのも事実。

しかし、そうした僕の大阪参りの意味合いは、徐々に変わっていきます。

受講者数が多かったために、とても一人では指導しきれないということで急遽助手を一人つけてもらうことになったのですが、それが、大学で唯一コンピューターに明るいという人材。

なんだ、そんな人がいるのであれば、わざわざ僕が岡山から出てこなくてもいいのではと学長の神父に念を押したところ、その人は事務で働いているので、教育には携われないとピシャリ。聞けば、その大学の神学科を卒業した後、自衛隊の幹部候補生学校に進学して幹部自衛官をやっていた男性で、除隊してから大学事務で働いているとのことでした。

ずいぶんと珍しい経歴の持ち主だと思い興味を抱いた僕は、学長にお願いしてその人を教育職の助手にしてもらうことにしたのです。

それが、僕を目に見えない世界へと向かわせてくれることになったカトリック伝道士、沼波義彦元陸尉との出会いでした。

伝道士という呼び名を耳にする機会は少ないのですが、カトリック系大学の神学科を修了した男性が、神父になる前に手にする資格のようです。それに加えて、陸上自衛隊の将校までしていただけのことはあり、礼儀正しい上にきびきびとした動きで、僕は大いに助けられました。

当然の成りゆきで、授業の後片づけの後、最寄りの阪急園田駅界隈で酒を酌み交わしてから、最終の新幹線に飛び乗るようになっていったのです。

小さな店のカウンターに並んで話を聞くうちに、カトリックの聖人にまつわる様々な奇跡があることや、キリストの言葉を伝える福音書にも、何故か世の中に出回っていないものもあることなど、他では絶対に知り得ないようなことまでもが伝道士の口から出てきます。

その頃の僕は、キリスト教のことにはまったくの無関心。まあ、授業で世話になっているまじめな人の話だから耳を傾けてはいたのですが、心の奥底には物理学者としての疑心がとぐろを巻いていたのも事実。

そんなわけですから、カトリックの奇跡と聞いたところで何も驚きはしませんでした。

ところが、but、しかし！　沼波元陸尉が教えてくれた次のような実話には、そんな不遜な僕の心でさえ大きく揺り動かされてしまいます。

＊

人々の魂を震わせる透きとおったグレゴリア聖歌で世界的に知られるスペインの古い修道院が、モンセラート（鋸山）と呼ばれる険しい岩山にあります。

そのモンセラート修道院には、長年顧みられることの少なかった秘儀である、キリスト伝来の荒行に挑んだ修道士がいたのです。

ある日のこと、一人の修道士がいつものようにモンセラートの岩山を、痩せこけた身体に鞭打ちながら駆け巡った後、自室で祈りの瞑想に入っていたときに、明らかな神の声を聞きました。

「ハポンへ行け」

その祝福された地名に心当たりのなかった修道士は、世間のことにも長けた修道院長に尋ね、それが極東の小さな島国、日本のことだと知ります。

その昔、同胞の宣教師フランシスコ・ザビエルが初めてキリスト教を伝えた地の果てではあっても、神の御心によって召し出されるのであれば、無条件に受け入れなければならない。

キリストの愛を真に具現していた修道士は、神をも愛する証としてわずかばかりの身の回りの品を携えて旅立ちました。

ザビエルが所属していた修道会を頼って長崎に着いた修道士は、まず上五島(かみごとう)に流れ、そこに粗末な小屋を作って住み着きます。

モンセラートでの荒行で極度に痩せ細っていた上に、粗末なものしか纏(まと)っていなかったため、外国の乞食がやってきたと誤解した島民は、決して歓迎しませんでした。

それでも、牛乳屋の主人だけは、西洋乞食に暖かく接していたといいます。

そのうち、あの由緒あるモンセラート修道院からおいでくださった立派な修道士にお目通りしたいと、東京から輝く法衣を纏った如何にも地位の高そうな司祭の一行が訪ねてきます。

日本人だけでなく、外国人司祭までもが煌びやかな衣装を汚すことも気にせず、自分たちの目の前で西洋乞食に平伏している。

そんなあり得ない光景に度肝を抜かれた島民は、急遽、村外れに教会としても使える立派な住まいを建て、スペイン人の修道士を招きます。

しかし、修道士は1日たりともそこに住むことなく上五島を離れ、広島県の山里を目指しました。その教会は間もなく、跡形もなく消え去るという言葉だけを残して……。

キリスト教の歴史には確かに、神の怒りに触れたために一夜にして崩れ去った建造物の話もあります。ですが、しょせんは映画の中でしか再現できない神話としか思えない島民にとっては、単なる捨て台詞としか映らなかったようです。

人を外見のみで判断するという己の至らなさを悔い改めることなく、年老いた外人の戯言を鼻で笑うという日々がしばらく続いていました。

そして、ついに修道士の預言は現実となります。季節外れの台風が五島列島を総なめにした翌朝、島民は己の不徳を思い知らされたのです。

そう、村外れに築いたばかりの教会風の建物は完全に吹き飛ばされ、愕然として立ち尽くす頭上に朝日が煌めくのみ。


スペイン人の修道士が次に選んだのは、広島県三原の山奥。

古い農家を借り受け、その納屋の2階を自室とする隠遁(いんとん)生活。庭先に小さな礼拝堂を設(しつら)える作業の他は、ひたすら瞑想することにより神に仕える。

食事の世話をしてくれる数人のスペイン人シスターは、母屋に住みながら、遠く岩国の米軍基地や神戸などから訪れる外国人信者たちを取りまとめる仕事に勤しみます。

次第に、関西一円の信者の間で「三原の隠遁者様」と呼ばれるようになり、深き信仰の導き手として崇められるようになったそうです。


その噂が五島にまで伝わってきた頃、島で唯一、西洋乞食としか思われていなかった神父に最初から優しく接していた牛乳屋の主人が、末期の肝臓癌で長崎市内の病院に入院しました。開腹手術が試みられましたが時既に遅く、医師は何もせずにメスで切り開いた傷口を縫い合わせたのみ。

残された半年を、生まれ育った島で好きに暮らす。医師の言葉に従って戻ってきたとき、船着き場から運ばれていく弱々しい姿を眺めていた村人たちの代表が一人、三原の山奥で隠遁生活を送っているはずのスペイン人修道士の下へと出発します。船と鉄道を乗り継ぎ、教えられた修道士の住所を頼りに三原の北、広島県久井町へと向かったのです。

そして、やっとのことでたどり着いた農家の母屋に出てきてくださった隠遁者様を前に、どうか一緒に上五島に戻り、病気を癒してくれるよう懇願します。島で唯一人、神父のために尽くしていた牛乳屋の主人が、末期癌で死にゆく運命にあることをシスターに通訳してもらいながら。

寄進した建物が予言どおりに崩れ落ちる現場を目にし、島民の誰もが見えない世界からの助けによって牛乳屋の主人が癒されるはずだと信じて疑わなかったのです。

ほんのわずかの疑心すらない100パーセントの信頼。それが、スペイン人修道士に寄せられた結果、代表の男がこうして必死で頼み込んでいます。あの修道士ならば、世話になった牛乳屋の苦境を救うために、喜んで上五島まで戻ってくださり、眼前で十字を切って神の力をお示しになるはず。ところが、ところがなのです。

「わかりました。私にできることは、ここで祈ることだけです」

直後に自室にこもってしまわれた修道士の最後の言葉は、どう考えても村人たちの誠意を裏切るものでしかありませんでした。

帰りの電車の中で段々と神父に対する怒りを大きくしていった男でしたが、佐世保から連絡船に乗る頃には、こんな馬鹿げた企てにしか縋(すが)ることのできなかった自分たちの愚かさを恥じ入り、上五島に着くまで頭を抱えたまま船倉にうずくまっていました。帰りを待ちかまえている島民に、いったいどういい訳をすればよいのだろう。この船から降り立つのが自分一人だと知ったときの皆の落胆ぶりが容易に想像できるからこそ、男は逃げ出したい気持ちに駆られ続けたのです。

しかし、船は無情にも五島の港へと入り、恐る恐る覗いた船室の窓からは、村人が総出で迎えてくれている様子が見て取れました。

まさに、最悪の事態。皆が大きく手を振る中、旗竿までもが持ち出されています。そこまでして歓迎してくれようとする連中の前に、重い腰を上げてたった1人で陸に上がったにもかかわらず、よくやったという歓声に揉みくちゃにされてしまう。

ふと気がつくと、牛乳屋の主人が元気な様子で立っている姿がありました。何がなんだかさっぱり理解できなかった男の耳に、周りの人々の説明が木霊します。

前日、長崎の病院に検査に行ったとき、驚愕の事実が判明したのです。あの手遅れだといわれていた肝臓癌の病巣が、完全に消え去っていたという……。

＊

それまでは気にもとめなかったカトリック伝道士の話が、急に大きな意味を持つようになります。スペインの修道院から上五島の村に流れてきた乞食のような修道士が、神の奇跡をお示しになりながら、広島県の三原の北の山奥で隠遁生活をしているという……。

あれは、もう30年近くも前の正月3日のことでした。

前年の夏休みに伝道士の沼波義彦元陸尉をとおしてぜひお会いしたいと望んだのでしたが、科学者とは話が合わないとのことで住所だけでなくお名前すら教えていただけなかったことも既に忘れてしまっていた頃。

朝、顔を洗っていた僕は、何故か突然、あの隠遁者様に会わなければと思ったのです。

三原の北に位置する山奥の農家にいらっしゃるスペイン人の神父様。たったそれだけのことしか知らなかったにもかかわらず、魂に操られた身体は戸惑う心などにはお構いなし。ほとんど無意識のうちに車を出し、広島へと向かったのでした。正月早々ずいぶんと馬鹿なことをするもんだと半ばあきれながらも、吸い寄せられるかのように西へ向かいます。

広島県の地理もろくに知らなかった頼りなさから、仕事柄、車で広島に行くことの多かった親友の北村好孝君を、寄り道をして無理矢理引っ張り出します。

曇天の下、県境を越えてできるだけ山道を選んで西に走っていくうちに、助手席に乗り込んだ北村君が聞いてきます。いったい、どこに向かうのかと。

僕も返答に困ったのですが、実はまったくあてもなく走っていると白状しました。

あわてられても困るので、運転しながら三原の隠遁者様のことを説明したのですが、高校のときからの親友はさほど驚いた雰囲気もなく、逆に僕のほうが唖然とするようなことを口にします。

「そんな立派な神父さんで荒行もやっているような人なら、きっと何かで君を導いてくれるはずじゃないのか？」

そういいながら辺りを見回していた友は、フロントガラス越しに西の空を指差します。

「あそこの雲間から光が射し込んで、ちょうどあの辺りの谷に向かって筋のように見えている。これといって他にはそれらしきものもないわけだから、まずはあの谷に行ってみよう」

ずいぶんと無茶苦茶な話だとは思ったのですが、それでも他に何かあてがあったわけでもないので、僕は北村君の指示に従います。まあ、後で笑い話にでもすればいいか。そんな軽い気持ちのまま……。

目的の谷に着く頃には、もうそこに日が射し込んではいませんでした。

また辺りを見回した友は、北西の谷に落ちている一条の光を見つけ、今度はあそこに行けといいます。

こんな冗談のようなことを3回か4回続けるうちに、小さな集落にたどり着いたところで、僕らは天に見放されました。もうどこを見ても、雲間から日の光が射し込んではないのですから。

万事休す。しかし、この馬鹿げた騒動にもここで終止符を打てるとホッとした僕を、親友の直感が再度、見えざる世界の入り口へと誘ってしまいます。

「もうどこにも光が降りていないのだから、ここがその場所のはずだ。誰かに聞いてみればいい」


幸い庭先で車を洗っている若い男性がいたので、この辺りにスペイン人の神父様がいらっしゃらないかと聞きます。

正月で里帰りしているだけなので知らないというその男性は、村役場に勤めているという父親を呼んでくれました。

そして、その父親という人の言葉を耳にした僕は、思わず北村君と顔を見合わせることになります。

そう、冗談が真実になってしまったのですから。聞けば、村外れの農家を借りている外人の神父さんがいて、世話をしているシスターがときどき向かいの米屋にやってくるというのです。

その農家までの道筋を丁寧に教えてもらい、2人は何度も頭を下げながら震える魂とともに先を急ぎます。

北村君も同じ思いだったのでしょう、完全な沈黙が支配する車中の緊迫感に、これ以上は耐えきれないという瞬間、古い農家が里山の横にポツンと現れます。

教わったとおりずっと手前に車を止め、2人はやはり無言で、細いあぜ道に沿って歩みます。半分が里山に隠れた庭の外れには、作りかけの小さな礼拝堂があり、まさしくここが目的地だと確信します。

高鳴る鼓動が辺りの静寂を増幅する中、開け放たれた母屋の入り口へと向かいます。

まるで雲の上を歩くかのように、どこまでもゆっくりと。

ですが、まったく人の気配が伝わってこないことに不安感と安堵感を同時に抱いた僕は、友と顔を見合わせた後、フランス語で呼びかけてみます。スペイン人の神父様にフランス語の挨拶とは間抜けな話かもしれませんが、英語よりは同じラテン語から派生したフランス語のほうが通じる可能性が高いだろうと考えた上のことでした。

「どうもお留守のようだ」

親友の声で、やっと地に足が着いた感触を得た僕の本音をいえば、このとき大いに安堵したのも事実。雲間からの光に導かれるなどという、神話にしか出てこないような状況に身を任すうち、気がつくと現に隠遁者様のお住まいの前に立っている自分があるのですから。

そして、己の心身は奇跡と偶然の間を彷徨い続け、未だにその答を出し倦ねているのです。そんな自分が今、隠遁者様にお会いしていったいどうなるというのか！

そう叫び続ける理性の声を聞きながら、母屋の中を窺っていた僕にとって、誰もいないという現実は実に心地よく映ります。

裏に回ってみようという北村君に続きましたが、隣接する納屋にもどこにも人影はなく、遠慮がちに発せられた下手なフランス語が空しく消えゆくのみ。

「やはり、お留守だ。まあ、場所がわかったんだから、次の機会にくればいいさ」

それまでの胸が張り裂けそうになるほどの緊張感から解放された勢いで、急に陽気な声をかけ合った2人は、小さな礼拝堂の前を横切って、もと来たあぜ道へと足早に進みます。

すると、どうでしょう。里山の影から、スクーターに乗ったシスターが現れたのです。

「すみませーん、お待たせしてしまいました」

日本語のイントネーションから、すぐに外国人とわかった声の主は若い修道女で、どうも僕らは予定されていた訪問客と勘違いされたようでした。

いいや、我々は今日こちらにおじゃますることになっていたのではなく、たまたまやってきただけの者。庭にまで勝手に入り込んでしまったことをお許しください。

そう伝えながら急いで失礼しようと頭を下げた2人の魂は、シスターの言葉で再び地を離れてしまいます。

なんでも、母屋にいる数人のシスターたちは、新年のミサのために岩国の米軍基地にある教会に出向いているので、前日から一番若いそのシスターだけが残って、隠遁者様のお食事の世話をしていたとか。

夕食後のこと、いつものように自室とされている納屋の2階に引き上げようとされるとき、神父様がいわれたそうです。

「明日はお客様が2人来られるから、あなたは午前中に出かけるのであれば急いでお帰りなさい」

と。

しかし、神父様の日程表を見ても翌日の欄は空白のままだし、誰かが訪ねてくるという予定はまったく聞いていなかったそうです。それに、ちゃんと客人があるとわかっていたなら、他のシスターたちが岩国に出かけるということもなかったはずです。

不思議に思ったシスターでしたが、神への祈りと瞑想に生涯を捧げている隠遁者様がこれまで口にされたことで実現しなかったものはなかったため、おいいつけどおりに早めに帰ってきたのでした。

僕と友人を見つけたシスターは、やはり神父様のお言葉に間違いはなかったと喜びながら、スクーターから降りてきます。

その日の朝、顔を洗う段になり、どういうわけかふと三原の隠遁者様のことが頭に浮かび、どうしてもお会いしなければと直感したとたんのことでした。こうやって僕の心身が突き動かされたのは。

そして、99パーセント冗談と信じて、雲間から射し込んできた光に導かれ、住所も名前も知らないスペイン人神父のお住まいへとたどり着いてしまう。既にそれだけで充分だったのです、僕が目に見えない世界の存在を知るには。

しかし、神は容赦なさいません。知るだけではだめなのだとばかりに、魂を激しく揺さぶられたのです。この僕自身が初めて隠遁者様を捜しに出ることを決めた日の前夜、隠遁者様が既に、こうして僕がこの場所へと流されてくることを教わっていたという事実を突きつけることによって！

シスターの話に言葉を失った２人は、正気を取り戻そうと無言で顔を見合わせるのですが、虚ろになったまま戻る気配のない互いの眼を確認したところで観念します。

もはやこの場から逃げ帰ることなど、とうていかなわないのですから。

納屋の2階から神父様をお連れするので、少しここで待っていてほしいという声を霧のかかった耳の向こうに聞きながら、僕と親友は土偶の如く立ち尽くします。

完全に思考能力を放棄した心身の中では時間の歯車も空回りし、定められた瞬間は心の準備をする間もなく眼前に迫ってきます。


僕は、目にしました。イエス・キリストがいたなら、必ずやこうであったに違いないというお姿を。

そのあまりにも神々しく高みの極みへと昇られた魂の前に、二人の異教徒はシスターに支えられるようにして庭に立つ隠遁者様の足下に同時に平伏します。

いったい、何故そうしたのでしょうか?

土下座した己の眼に、痩せこけた右足の甲が入った瞬間、僕はそこに口づけをしていたのです。

もちろん、今ではその意味を知っています。その後、まがりなりにもナザレのイエスについて書かれたものを読みあさったこともあったのですから。

ですが、そのときは知りませんでした、かつてマグダラのマリア始め多くの使徒がそうしたことを。にもかかわらず、己の心は己の身体を操る能力を失い、キリストの愛で包まれた魂はマリアに続きます。


冷え切った足は唇に痛く、過酷な修行によって人々の魂を救わんとされる隠遁者様の生き様を思うと同時に、熱き涙が甲に落ちました。感動に濡れたままの顔で神父に抱き上げられた2人は、母屋の中へと通されていきます。

電気炬燵のみで暖を取らなければならない古い農家にもかかわらず、不思議に寒くはありませんでした。ついに出会いがかなえられた三原の隠遁者様の真向かいに座り、炬燵の右側に友が、左側にはシスターが共に膝を入れます。

用意してくださった日本茶を飲みながら、キリストの生き写しのようなスペイン人神父と、同じ袋からえびせんをつまむ。なんともちぐはぐな光景ではあったのですが、心の通った暖かくゆっくりとした静寂の中にいる2人の異教徒にとっても、この上ない祝福の時が流れていきます。

曇天にもかかわらず、庭先には絶えず日の光が降り注ぎ、炬燵を囲む4人の周りにも光の帳が降りる。

そんな幻想的印象を受けて少し己を取り戻した僕は、シスターに通訳してもらいながら隠遁者様に二つだけ質問させていただきました。

幸いシスターはフランス語もでき、彼女の日本語ではなかなかうまく伝わらない内容についてはフランス語にしてもらったため、お答えを100パーセント理解できたと思います。

最初の質問は、ごく小さなものでした。一度は面会の申し出を断られたにもかかわらず、今日は何故こうやって会ってくださるのかという、考えてみれば意地の悪い問いかけではあったのです。

しかし、年老いたスペイン人神父は、なんの力みもなく淡々と答えてくれます。自分はすべて必ず断ることにしていると。それによってそのままになる話は最初から存在しなかったに等しいが、断ってもなお、結局こうして実現する申し出は、神の御導きによるものとわかるのだと。

そう、天から射し込んできた光には、やはりそういう意味があったのです！

確信を得た僕は、一気に神父様に問いかけました。心とはどこにあるのかと……。

すると、逆に問われたのです……。心はどこにあると思うか、と。

虚を突かれた形となりましたが、それでもしばらく考えた上で答えます。胸、つまり心臓の辺りが悲しみで痛むことがあるから心は左胸にあると思うが、しかし人間の精神作用が脳の働きで生まれるとすればやはり心は脳の中にあるのではないでしょうかと。

隠遁者様は暖かい視線を投げかけてくださりながら、しかし凛(りん)とした言葉をお選びになります。

「あなたは既に心がどこにあるか知っていたのですが、それがどこにあるか考え始めたとたんにわからなくなってしまった」

せっかくの貴重な教えをいただきながらも理解できずに戸惑っている僕に、老神父は優しく口を開いてくださいました。

「心がどこにあるかと私が逆に問いかける前まで、あなたは自分自身について語るときには、ちゃんと右手の指先であなたの心の在処を示していたではありませんか。つまり、意識的に理性で考えることをしない間は、あなたは自分の心がどこにあるか知っていたのです」

まったく予想外のお答に狼狽(うろた)えた僕は、本当にこの自分が心の場所を知っていたのかと隠遁者様に追い縋ります。

笑顔で頷きながら、「ほら見てごらん」と指し示してくださった痩せ細った手の先には、「この僕が……」と己を確認している僕自身の右手。

その指先が軽く触れているのは……、そう、中央からほんのわずかだけ右にずれた胸の一点。まさか！　この僕が、本当に知っていたのです。心の在処を!!
我思う、故に我なし……とはデカルトの真意とも伝えられる言葉。考えたとたん、僕は僕でなくなっていたと教えてくれる……。

隠遁者様との初めての出会いを果たした僕は、しかしながらその不思議な体験の持つ意味を理解できないまま日常に埋没してしまい、さらに数年の月日が流れていきました。その間、僕自身は好きなことを好きにやっていたため、ここら辺りでまたぞろ勝手気ままな行動のツケが出始めます。

先に少しお伝えしたように、おとなしくて頭のよかった上の娘と比べられ続けるという不幸を背負ったため、小さい頃から余計な苦労までもかけてしまった下の娘に、中学に入ってから眉をひそめるような言動が現れてきたのでした。

互いに正しいと信じて助け合う少数の仲間の中に入っていけばいくほど、教師から白い目で見られるようになるだけでなく、飼い慣らされた多くの生徒たちからは歪んだレッテルを貼られてしまうのです。

このままでは、純粋さ故に学校という社会の縮図の中で、泥を被ってしまいかねない。なんとかしなければと思ったのですが、父親面していい聞かせるなどというのは似合いません。他に、方法があるはずに違いない！　そう信じた僕でしたが、案の定不安をつのらせながら、あれこれと思い倦ねるだけの日々を重ねるのみ。

しかし、そうするうちに、ふと三原の隠遁者様のことが思い出されました。

そうだ、5年ほど前に雲間から射し込む光の連鎖によって出会えた神父様がいらっしゃったではないか！

異教徒の僕でさえ、その姿を見たとたん足下に平伏すほどの神々しさを秘めた魂に接することが、迷える娘の助けとなるかもしれない!!

藁をも縋る思いの僕は、車に酔いやすい娘を引き連れて新幹線のこだまで三原まで行き、そこからレンタカーで隠遁者様のお住まいを目指します。

三原から初めての山道を北上する車の中、あの祝福された地へと向かう僕の意識は徐々に虚ろになっていったに違いありません。だからこそ、5年前の奇跡が再び蘇ったのです。でなければ、あの懐かしき里山にたどり着くことなど、とうていかなわなかったはずです。

何故なら、天から指し示された道を冗談半分で走っていっただけの僕は、5年前の道順などもとより憶えているわけもありません。ましてや、今回は三原から北上するという、まったく別のルートから近づこうとしているのです。

その上、もう二度とくることはないと思ったのか、愚かにも住所はもとより神父様のお名前すら聞くことなく辞してしまっていたのです。

いったい、どうやって隠遁者様を探し出すつもりだったのだろう？

三原の市街地を抜けると、すぐに急な登り坂が蛇行する難所が続く山越えの道。後続の車が数珠つなぎになるほどスピードを落としていたのは、車に弱い娘のことを考えてのことだけではありません。山道に入ってからというもの、どの曲がり角も見覚えがあるようでありながら、よく見ればまったく初めての場所。中国山地の中に埋まる田舎の田園風景は、それこそどこを切り取ってもほとんど同じにしか映らないのです。

しかも、5年前とは完全に方向違いの道を進んでいるわけですから、住所がわからなければ目的地に着くことなど無理な相談。

はたして、本当に隠遁者様のもとへとたどり着けるのだろうか？

僕の心は、今回もまた思いつきだけで無鉄砲な行動に出てしまったことを恥じながら、それでも後ろの座席で気分の悪さを必死でこらえている娘の前では不安気なそぶりなど見せられないと、精一杯の空威張り。


ひょっとして、さっきから同じところを回っているのではないかとさえ錯覚してしまいかねない山間の道が続く中、泣きたい気持ちの僕はフロントガラス越しに天を睨みます。

しかし、前回のように一条の光が射し込むことなどあり得ない、真っ青に晴れ渡った夏空が続くのみ。

僕は、自分自身を呪います。いったい、こんな山の中を彷徨いながら、何をしようとしていたのか、と。

ところが、情けなさではち切れそうになった心に亀裂が入った瞬間、急に虚ろな眼差しとなった僕の視界の中、懐かしさを醸し出す小さな三叉路が近づきます。ほとんど無意識にハンドルを切った僕は、半ばやけくそでアクセルを踏み込んだのです。

こんな見たこともない道に入り込んでしまったなら、もはや無理というもの。このまま大きな国道に出たところで、三原に向かって帰るしかない……。

そんな考えが頭を過り始めたとき、まさに文字どおり青天の霹靂が車を揺るがしました。驚いて車を止めた直後、これまた文字どおり一点にわかに掻き曇ります。

車の屋根に大粒の雨が落ちる衝撃音が響き渡り始めたかと思うと、まるで車ごと滝壺に落ちていくかのように、視界にはなだれ落ちる水が入ってくるのみ。これでは、とても車を動かすことはできません。

自分の無鉄砲な計画が不首尾に終わることを予期するわびしさに溢れた父親の内面を、後ろから察してくれた娘の言葉で、僕は車を路肩に寄せた後にエンジンを切りました。

観念した親子は、互いの頑張りを讃え合うかのように労りの言葉をかけながら、雨上がりを待ちます。叩きつけるような激しい雨音の向こうに聞こえる雷鳴が段々と小さくなっていくにつれ、僕の瞳が三度虚ろな光を宿し始めるとともに、優しき言霊に導かれた魂が記憶砂漠の上に漂う蜃気楼の如き意識を消し去ってしまいます。

これは、単なる偶然だったのでしょうか？

滝のような雨がサッと上がったとき、開け放った窓から顔を出して心地よい山里の空気を思いっ切り吸い込んだ娘は、遠くに見える農家の納屋の2階から笑顔を向ける老人に気づいたのです。

それを告げられたとたん、父親の顔にも急に笑みがこぼれます。

隠遁者様だ！

水たまりの上を飛ぶようにして懐かしいあぜ道を近づいてくる親子を、ずっと見やってくださった神父様に、庭先から下手なフランス語で声をかけます。

「また突然にきてしまいました。お許しください」

と。優しい眼を細めながら、隠遁者様は2階の窓から応えてくださいます。

「わかっていましたから心配いりません。そのままお嬢さんと2階に上がってきてください」

異教徒であり、また科学者の端くれでもある僕でさえも、まさにキリストの生き写しの如き神父様の居室に招かれ、思いもしなかったものを授かってしまう。

それは、娘を救うための唯一の手段であっただけでなく、あらゆる災いを防ぐことができる万能の鎧（よろい）にもなるという、隠遁者様が密かに受け継いできたキリスト伝来の活人術技法でした。

僕自身は、一瞬のうちに以心伝心となったかに感じていたのですが、後で時計を見ると2時間以上も経っていました。

再び隠遁者様との不思議な出会いを果たしたおかげで、その後の娘は徐々に自信に満ちた生き方をしてくれるようになり、何も伝えていなかったにもかかわらず父親が果たせなかった夢を追う形で、大学と大学院で航空宇宙工学を学ぶようになります。

そして、その活人術とは……、そう、まさにキリストによる愛の教え、

「汝の敵を愛せよ」

「汝の隣人を愛せよ」

「Let it be. ありのままに」

「伸びやかに、軽やかに、あなたのままに」

に基づく、人を本来の魂の姿に戻す秘法に他なりませんでした。

こうして、父親の愛は娘のおかげでキリストの愛へと向かうことができたのです。その秘蹟を授けてくださった隠遁者様こそ、「シスター渡辺和子の教え」と題する節でお伝えした、はせくらみゆきさんに天国から降りてきてくださった故マリア・ヨパルト・エスタニスラウ神父様だったのです。

感謝！

隠遁者様

長ーーーい後書き

神様が与えてくれたＵＦＯへの飽くなき探究心

２０２２年の2月19日は、僕にとっての記念すべき日となりました。

何故なら、ついに、そう、ついに僕の神様にお会いすることができたのですから！

いったい何人の人が一生のうちに神様に出会えるでしょうか？　１００人？　10人？

いや、１人……もいないのが普通ですね。

だが、but、しかし！　そこはやはり神様に最も愛される男を自負する僕なればこそ、
ついに、ついに、ついに神様に直接お目にかかることができたのです。


こんなことを書くと、読者の皆さんにはあの保江邦夫もついに頭がおかしくなり、神様に会ったなどと口走っていると思われてしまったことでしょう。

でも、どうかご心配なきように。この保江邦夫が狂ってしまうことなど、絶対にあり

ません。「神様に会った」というなら確かに頭がおかしくなったのでしょうが、あくまで「僕の神様に会った」と騒いでいるだけなのです。

そう、この僕が実際に会ったのは普通では決して目にすることのできない「神様」ではなく、ちゃんと誰もがいつでも見ることができる「僕の神様」だったのです。

例えば、今の野球好きの子どもたちの「僕の神様」といえば、アメリカの大リーグで活躍中の大谷翔平選手のことに違いありません。また、将棋に熱中している子どもたちの「僕の神様」となると、当然ながら藤井聡太八冠ということになるでしょう。


そして、子どもの頃から大のUFO・宇宙人マニアだった保江邦夫の「僕の神様」といえば……、そう、日本テレビでUFO特番をぶち上げてUFO・宇宙人ブームに火をつけたテレビディレクターの矢追純一さん！

幼き僕は、UFO特番を毎回真剣に見ていただけでなく、「矢追純一」という名前を岡山市内の書店で見つけるたびに小遣いをはたいてその本を買い求め、夜ごと勉強に見せかけて自分の部屋でむさぼるようにして読んでいたのです。

集めた矢追純一著のＵＦＯ・宇宙人関連書籍の数は20冊を超えていましたが、それだけでは収まらなかった僕の心は、書店で目に止まったＵＦＯと宇宙人に関する本を手当たり次第に買っていくようになります。

こうして手元に積まれるようになった日本語、英語、仏語のＵＦＯ本は１００冊を超えているのですが、その中でもやはり矢追純一著のものはひときわ光っていました。

他の著者によって書かれた本は、矢追純一著のものに内容が酷似していたり、近かったり、中には明らかに二番煎じ三番煎じといったものもありました。

しかし矢追さんの本は、著者自ら現地に飛んで詳細に調査したり、実際の目撃者に直接会って話を聞く中でその信憑性を確かめたり、さらにはテレビディレクターとしての直感を研ぎ澄ませてきた眼力によって嘘を見抜くことなどで裏づけされた、真実の記述だけが醸し出す行間の輝きといったものを感じ取ることができたのです。

もちろん、他の著者の中には一応、研究機関の所長や科学者を名乗る人物もいるにはいたのですが、彼らの著作からは信頼に足るＵＦＯ情報や宇宙人の話を見つけることはできず、途中で本を閉じてしまうことばかりでした。
そんなときはいつも、小遣いの無駄使いをしてしまったと感じる後味の悪さだけが残ったものですが、矢追純一さんの本を読んだ後は逆。いつも、

「よし、俺もいつかロズウェルのＵＦＯ墜落現場に行ってみるぞ！」

とか、

「エリア51に潜入して間近にＵＦＯを見たい!!」

などとワクワクした気持ちの読後感に包まれていたことを憶えています。
多くの場合はそんな子どもの頃の夢など、大人になるにつれて段々忘れていってしまうか、はたまたちゃんと憶えていたとしても単なる子どもじみた夢でしかないと考えて完

全にあきらめてしまっていることでしょう。

ところが、ところがなのです！　僕にとって矢追純一著のＵＦＯ・宇宙人についての本は、そんなたわいもない夢としてしか子ども心に映らない程度の普通のものなどではなく、心の奥底に永久に消えない魂の炎を点けてしまう魔力を持っていたのです。

何せ、大人になってからの僕は、高校生の頃に買っていた矢追さんの新書版のＵＦＯ著作を1冊だけ握り締め、ネバダ砂漠を走破して念願のエリア51探検にまで行ってしまったのですから。

夢のエリア51へ潜入！　きっかけは矢追純一氏

あれは、アリゾナ州のツーソンであった国際学術会議の後のことでした。

会場で知り合った若いカナダ人物理学者夫婦と、日本から同行してくれていた助手の3人を乗せたレンタカーを朝から8時間以上も運転した僕は、州境を跨いでネバダ州にあるギャンブルの都、ラスベガスに到着しました。

その日は、カジノを併設した豪華なホテルに安く泊まり、これまた信じられないような安くて美味しいステーキとオマールエビに舌鼓を打ったのです。

何故そんなことができるのかというと、要するに世界中からできるだけ多くの人に来てもらい、できるだけ長期間滞在してギャンブルでお金を落としてほしいので、ホテルの宿泊代や食事代は極端に安く設定されているからなのです。

もちろん、我々4人はギャンブルなど一切しなかったので、ホテル側にとっては最悪の客だったでしょうが……。


翌朝は、ラスベガス郊外にあるNELLIS空軍基地に行き、展示公開されている歴代の空軍戦闘機を見学させてもらうという僕の趣味に、他の3人をつき合わせました。

お昼は基地内のレストランで、日本では考えられないような大きなハンバーガーやホットドッグを食べて、気分はもう完全にアメリカン。

その後はというと、これまた僕の趣味にとことんつき合ってもらうことにして、レンタカーで一路、ネバダ砂漠を目指します。

道中にはもちろん、全米ロードマップを携えていたのですが、それに挟んでいたのが何を隠そう、矢追純一さんが書いた新書版のUFO本の1冊。

実は、その新書には、日本テレビのUFO特番のためにアメリカ政府が秘密裡に宇宙人のUFOを捕獲して飛行実験を重ねているトップシークレットの機密研究施設、「エリア51」の取材に矢追さん自らが行ったときの顚末(てんまつ)が書かれていたのです。

そのワクワクする内容に感動した僕は、いつか必ず機会を見つけて自分でもエリア51に行ってテスト飛行するUFOに遭遇したいと思い続けてきました。

そんなとき、エリア51があるネバダ州の隣に位置するアリゾナ州で国際学会が開かれることになったわけですから、まさに千載一遇のチャンス到来。学会の帰りにレンタカーで助手と一緒に行ってみることにしていたわけです。

学会で親しくなった、外見も言葉もアメリカ人と同じ白人のカナダ人物理学者夫婦も同行してくれることになったおかげで、日本人だけで行くよりも、結果的にエリア51に囚われ消されてしまう危険性はかなり減ったことになりました。

でも、レンタカーが夕方にネバダ砂漠の入り口近くの小さな集落、アラモに到着したときには、まさかエリア51に近づくことがどれほど危険きわまりないことかは微塵も理解できていませんでした。

矢追さんの新書には、ネバダ砂漠のどこにエリア51があるのかも略図で描かれていたのですが、そこに一番近いモーテルがある村として、アラモの集落も記されていました。

というわけで、まずはそのモーテルに行き部屋を確保。ネバダ砂漠の入り口に位置する田舎のモーテルを利用する人はほとんどいないようで、無事に3部屋をゲットできた我々は、各自の部屋に荷物を置いてから再びレンタカーに乗って、アラモの村で唯一のレストランに夕食を取りにいきます。

質素な造りの店はすぐに見つかり、4人で軽口を飛ばしながら店の中に入っていくと、明らかにアラモの住人とおぼしき2組の先客から、冷たい視線の集中砲火を浴びてしまいました。よそ者扱いというわけではなく、楽しそうにしゃべりながら入ってきた我々に無言の圧力をかけて静かにさせたかったようなのです。

そんな雰囲気を感じ取った我々4人は、互いに目と目で合図しながら黙ったままでテーブルを囲んで座りました。

すぐに年配の女性が、笑顔でメニューを持ってきてくれたのですが、長時間ドライブで疲れていた僕が気軽な気持ちでビールを注文したのに合わせて、他の3人もビール、ビールと声を発した瞬間、急に険しい表情になったかと思うと厳しい口調で制されてしまいます。

「州外から来た人には初耳でしょうが、ここネバダ州ではご自分の家かバーでしかアルコールは飲めないのよ。うちはレストランだから、飲み物を注文なさるならコーヒーかアイスティーにしてちょうだい」

もちろん、注文を取りにきた女性だけでなく、既に無言での食事中だった先客の連中もまた、さらに厳しい目つきになってこちらを注視しています。

4人全員が気を取り直してアイスティーとステーキを注文し、食事中も努めて黙ったまま、ほうほうの体でお勘定をすませて店を出るまでの店内の空気は、まるで凍りついたかのようでした。

外に止めてあったレンタカーに乗り込むなり、4人は堰を切ったかのように話し始め、トンでもない場所に入ってしまったことを自虐的に笑い飛ばしていたのです。

時計を見ると、もう夜の9時半を回っていたため、急いで車を出してエリア51の近くまで行かなくてはなりません。何故なら、深夜0時前後にUFOの試験飛行があると矢追さんの新書に書かれていたからです。

確か、コヨーテサミットとかいう名前の峠からが一番よく眺めることができるとも記されていたことを思い出した僕が全米ロードマップを開いてみると、そこに挟まれているべき新書が見あたりませんでした。

レストランでの食事中に他の3人とエリア51の探検ルートについて話し合おうと考え、

矢追さんの新書を店内に持ち込んでいたのが、店内の雰囲気があまりに悪かったため逃げるようにして出てくるときに、うっかりテーブルに忘れてきてしまったようなのです。全米ロードマップなど、普通に手に入る地図などにはエリア51の所在などは一切記されていないため、あの新書がなければ一歩もエリア51に近づけないと考えた僕は、忘れ物を取りにいくと告げて1人で再び店内に入りました。

そこで目にした光景は、驚きのものでした。さっきまでの店内の冷たい雰囲気はどこへやら、店主らしきコック姿の年配の男性を囲んで、注文を取りにきた女性や他の客たちが全員和やかに笑っているではありませんか！　しかもそのコック姿の男の手には、僕の置き忘れたあの矢追さんの新書が！

突然入ってきた僕に気づいたコック姿の男は、少しばつの悪そうな顔で勝手に忘れ物の本を開いて眺めていたことの非礼を詫びながら、矢追さんの新書を手渡してくれました。そして、笑顔で受け取って店の外に出ていこうとした僕に向かって、さらにこう告げたのです。

「その本の中に写真がある日本人の男だが、何年か前にこの店にやってきて、俺や客にエリア51のことをしきりに聞いていたんだ。あんたもひょっとして日本から来て、これからエリア51の見物に行くのかい？
もしそうなら、ここから1時間半ほど砂漠の中の一本道を走っていかなきゃならないが、途中で他の車に出くわすことがあったら、気をつけなよ！」

矢追純一さんが、何年か前にUFO特番でエリア51の取材に来たとき、アラモにあるこのレストランにも立ち寄っていたというのです。

それを聞いた僕は、まだ一度も会ったことのなかった矢追さんに急に親近感を持つようになったのですが、その瞬間から始まったその夜の大冒険はまるで、ハリウッドのアクション映画のようなものになってしまいました。

これについては、以前に金属学会系の学術誌『バウンダリー』に「竹久おさむ」というペンネームで書いていた、「物理学者が見たUFO」と題する連載記事の中で公表しましたし、雑誌『月刊ムー』のインターネット版の中にも実名でご紹介したこともあります。また、『祈りが護る國　アラヒトガミの霊力をふたたび』（明窓出版）でも、「エリア51探訪記」として描きました。

なので、ここではその内容については触れないでおきますが、ともかく僕にとっての神様のような存在であり続けた矢追純一さんを唯一身近に感じることができたのが、アメリカのUFO研究のメッカである秘密基地、エリア51を探検に行ったときだったということだけは是非とも知っていただきたいと思います。

ついに神様と会えた！

あれから30年近い月日が流れたのですが、その間にもUFOや宇宙人に対する興味はまったく衰えず、矢追純一さんはずっと僕の神様であり続けました。もちろん、一度も直接にお目にかかるなどということはなく、単にテレビのUFO特番や著作をとおしてのみ一方的に存じ上げていたのは、他の大多数の矢追純一ファンと同じ。

ところが、ところが……なのです。そんな僕に、矢追純一さんに会うチャンスが突然舞い込んできました。淡路島の福祉乗馬クラブ「五色ホースクラブ」の会長さんが、何人かのお仲間と上京なさったとき、30分ほどお目にかかる機会がありました。

その別れ際のこと、会長さんからこんなお声がけをいただいてしまいます。

「明日の午後に矢追純一さんの公開収録の会場に行くのですが、先生もおいでになればいいのに」

聞けば、その公開収録は僕のネット番組『月刊保江邦夫』や『月刊ムー』の動画などを製作してくれている会社の企画とのこと。それなら馴染みの社長さんに頼めば、ひょっとしたら現場で僕の神様である矢追純一さんに紹介してもらえるかもしれない！　そう考えた僕は、

「もちろん、僕も行きます‼」

と二つ返事。

そして、翌日の午後のこと。開場時間の1時間前に収録会場に到着した僕は、撮影スタッフに挨拶してから奥にいた社長さんに声をかけました。僕の突然の来訪にもいつもの笑顔で応対してくださった社長さんは、さもあたりまえといった自然な流れで、

「ちょうどいいところにおいでくださいましたよ。控え室に矢追純一さんがいらっしゃいますから、是非とも同席なさってください」

と促してくださったのです。

こうして僕は、ついに、そうまさに、ついに神様にお会いすることになりました。ジャーン！ それが2022年の2月19日夕方のことです。

社長さんのご厚意で控え室に通された僕の視界に、あこがれの神様のお姿が入ってきました。本当に久し振りに緊張の表情になった僕は、たどたどしい日本語で初対面の矢追純一さんに挨拶させていただきます。社長さんが僕のことを矢追純一さんに紹介してくださったのを受けて、カチカチに緊張した僕は、必死の思いで目の前の人物が自分の人生を決定づけたという事実をたどたどしく語ったのです。

直後に振り返ってみても、ずいぶんと情けない日本語文章しか口にすることができていなかったと大いに恥じていたのですが、それでも矢追さんは、それまで座っていた椅子から立ち上がったまま笑みまでも浮かべて、最後まで聞いてくださいました。

そして、そして……！

僕の神様である矢追純一さんの口を衝いて出てきたお言葉によると、な、な、なんと、ぼ、ぼ、僕のことを、以前から本やネット番組をとおして知っていてくださったとのこと‼

神様が、僕のことを天から見ていてくださった！‼

このときの僕はまさに天にも昇る心地で、我が人生最良の瞬間を迎えていたのではないでしょうか。

しかし、超多忙の矢追純一さんが、この僕などのことを前から知ってくださっていたというのは、どう考えても普通にはあり得ない。ひょっとして、単なるリップサービスでそうおっしゃっただけではないのか⁉

愚かな僕は、その後もこの出会いを思い出すたびに、そんな不遜な問いかけを自分にぶつけ続けていたのも事実。

まさか、自分の本やネット番組を僕の神様ともあろうお方が見てくださっていたはずはない!

自分自身に自信のない人間特有のいじけた気持ちが次々に湧いてきたその後の日々は、しかしながら長くは続きませんでした。それもまた、神様から差し伸べられた温かい腕があったからです。

なんと、収録に突如おじゃました日から1ヶ月と少し経った3月24日の夕方、都内中心部にあった矢追純一さんの行きつけのステーキ屋さんに招待されるという幸運が、天から舞い降りてきたのです。

これには、完全に脱帽。神様はリップサービスなど絶対になさらないという真実を僕に突きつけてくださったこの瞬間から、自分自身への確固たる自信が甦ってきました。

指定された場所に行ってみると、そこは昭和の時代からあったような雰囲気の、こぢんまりとしたステーキ屋さん。暖炉の火でじっくりと焼いた牛肉の大きな塊を、テーブルの上で切り分けてくれるアットホームな雰囲気までもが、僕に自信を取り戻させてくれます。

矢追さんはビールを飲みながらステーキに舌鼓を打っていらしたのですが、目の前で僕が白ワインを美味しそうに飲んでいたのにつられ、

「僕も白ワインにしてみようかな」

と、僕の前のカラフェからワイングラスに注いで楽しそうにしていらっしゃいました。

1ヶ月ほど前に初めてお目にかかったときには、公開収録前の短い時間に挨拶を交わした程度だったため、ゆっくりとお話しさせていただけたのはこの日が初めてでした。

ということは……、そう、さぞやUFOと宇宙人についての話題で盛り上がったはず！

読者諸姉諸兄がそう思われたのも無理はないですね。何せ、UFOと宇宙人についての真実を追い求めてきたこの僕・保江邦夫がその道の大先輩、いや神様と大いに語り合うことができたのですから。

だが、but、しかし!!

実はUFOと宇宙人についてはまったく語られることはなかったのです。

では、僕はUFO研究の神様と何の話をしたのか？　まさか、実は趣味が合わず盛り上がらなかった??

いえいえ、そんなことはございません！　このときの会話はもの凄く盛り上がってしまうのです。ＵＦＯとか宇宙人という言葉など一語も出てこなかったにもかかわらず!!

いったいどんな話題で会話が楽しく弾んだというのでしょうか？

正直なところ、僕も今回初めて知ったのですが、矢追純一さんはこれまた僕と同じ（と表現するのは大変おこがましいかぎりではありますが）、大のミリタリーマニア、特に軍用機マニアだったのです！!!

しかも、しかも……、実は矢追さんはＵＦＯや宇宙人にはまったく興味がなく、単に日本テレビのディレクターとしてのお仕事とその延長線上で深くかかわってきていただけだとまで、教えてくださったのです!!!!

これには、開いた口が塞がらなかったほどびっくりしてしまいましたが、考えてみれば個人的な興味が強い場合には主観が先走ってしまい、客観的で公正な報道ができなくなるわけです。長年にわたってＵＦＯ特番を高視聴率で続けてこられた背景にはそんな真実もあったのだと、大いに納得することもできました。

興味がなかったからこそ、ＵＦＯや宇宙人についてのどんな情報が持ち込まれてきても、肩の力を抜いて冷静な目で見ることで、その真偽のほどを名ディレクターとして見極めることができたということでしょう。

こうしてその夜は、美味しい白ワインとステーキをいただきながら、矢追純一さんと僕は軍用機についての話題に大いに華を咲かせることができました。

矢追さんとしては、僕を馴染みのステーキ屋さんに招待してくださった理由の一つとして、どうしても僕から直接に聞きたかった軍用機についての話があったそうなのです。それを真っ先に問われてしまったのですが、それは僕が本にチラッと書いたり、講演会でカミングアウトしたことのある、アメリカとイギリスの戦闘攻撃機の本物の機体部分を岡山の自宅の庭に置いてあることについて、どうしてそんなことができたのかというご質問でした。

確かに、普通では手に入れることができないものですし、しかも軍用機マニアにとっては喉から手が出るほどにほしいものなわけですから、やはりどうしても聞いてみたかったのでしょう。神様である矢追純一さんから、熱心な表情でされた質問ですから、僕としては誠心誠意、心を込めて事の次第をお伝えしました。

矢追さんは丸くした目を輝かせながら、本当におもしろそうに聞き入ってくださり、これもまた、我が人生最良の時間となったのです。

せっかくですから、ここで読者諸姉諸兄のために、その顛末を記しておきましょう。

戦闘機輸入顛末記

あれは、僕の父親・保江輝義が他界して2年後のことでした。

家は、日蓮宗のお寺の檀家でしたので、当然ながら葬儀もお寺で執り行いました。従って、2年後にはいわゆる三回忌の法要が予定されていたのですが、放蕩息子の最初で最後の親孝行となった親父を連れての2週間世界一周旅行の弥次喜多道中記、『戦闘機乗りジイさんの世界一周——やってはいけない大冒険!!——』（講談社）の印税でまとまったお金が手元に転がり込んできていたため、何か親父を記念する大きなものを三回忌の会場に置きたいと思うようになっていたのです。

しかも、「戦闘機乗りジイさん」だったということが、誰の目にも明らかとなるようなものであれば万々歳。

ということは……、そう、もうおわかりですね。やはり、親父が乗っていた戦闘機があれば、三回忌に集まってくださった皆さんの目にも、若き日の親父の姿が浮かんでくるはず！

そう考えた放蕩息子は、太平洋戦争末期に陸軍航空隊首都防空隊のパイロットとしてアメリカのB29戦略爆撃機を迎撃する任務についていた親父の愛機だった、陸軍2式単座戦闘機「鍾馗（しょうき）」を捜し始めます。

ところが、すぐにわかったのは、他の著名な日本の戦闘機である「隼」や「零戦」、あるいは「紫電改」や「疾風」などは復元された機体があるにもかかわらず、「鍾馗」だけは1機も存在しないという事実。

この時点で実機思考を捨て、それこそ1分の1スケールのモックアップ模型を木材か発泡スチロールで特注して造ってもらえばよかったのですが、どうしても本物にこだわっていた放蕩息子は、軍用機マニアとしての意地にかけて、飛行中のシルエットが「鍾馗」に似ているイギリス空軍のプロペラ練習機「プロボスト」を見つけてしまいます。

こうして、イギリスに首都防空隊の「鍾馗」の塗装図面を送り、現地で展示用の防錆処理と全塗装を図面どおりにしてもらった機体は、胴体部分と主翼部分を外して長いコンテナの中に収められ、エジンバラ港を出航したコンテナ貨物船によって、20日後には大阪南港（なんこう）に陸揚げされたのです。

しかし、待ちに待った親父の「愛機」を、晴れて受け取るために大阪南港の税関事務所に赴いた僕は、そこでトンでもない事態に巻き込まれることになってしまいます。

「現代の日本において、個人が軍用機を輸入するなどという暴挙は絶対に許されない！」

という経済産業省輸入審査課のお役人の一言で、まるで密輸の犯人であるかのように扱われてしまったのです!!

さあ、一大事!!! 普通なら、これで一巻の終わり。

でも、やはり、そこは百戦錬磨、手練手管の技法を駆使して人生を古今東西ところ狭しと楽しんできたこの僕のこと。すぐに助っ人として頼める人物に泣きつくことにしました。

それは、前年まで経済産業大臣をなさっていた岡山県選出の衆議院議員平沼赳夫(たけお)その人です。

彼の自宅が僕の家の隣の町内にあったため、以前から町内の盆踊り大会にも参加してくれてもいました。そんなこともあり、岡山の平沼事務所には馴染みがあったのです。

話を聞いてくださった事務所の方から、

「東京の秘書から、経産省の担当官に連絡させます」

と聞いた1時間後、僕を密輸の犯人扱いしたお役人から電話がありました。どんな電話だったかはお察しのとおりでしょう。映画やテレビドラマでお馴染みのあの場面が、現実世界にもそのままあるということに、僕は電話を切ってから笑い転げました。

そのお役人は大阪南港の税関事務所において、電話口でけんもほろろに僕を罵倒していたにもかかわらず、平沼事務所からの電話の後はコロッと手のひらを返し、揉み手の猫なで声でこう伝えてきたのです。

「先日は、知らぬこととはいえ、大変失礼いたしました。平沼先生のお声掛かりということでしたなら、鋭意努力いたしましてできるだけ早急にお手元に届くように手配させていただきます」

めでたしめでたし……いやいや、話はこれでは終わりません。

何せ我が日本において正真正銘、初めて個人が軍用機を輸入しようとしたわけで、話は経済産業省だけではすみませんでした。軍用機というわけですから、当然ながら防衛庁（今の防衛省の前身）、さらには取りまとめ役の総理府（今の内閣府）、はたまた警察庁までもが加わって、国を挙げて判断するための横割り会議が開かれたのです。

もちろん、それは当然といえば当然のことで、既に1年前にはイギリス政府との間で半年間をかけて様々な書類審査を無事こなしていた僕としても、予想していたことではありました。

何せ、イギリス政府からは、この空軍の練習機「プロボスト」を使って如何なる通常爆弾やミサイルを運搬、並びに投下・発射をしないことだけでなく、生物化学兵器から核兵器に到るどのような先端兵器の運搬や発射もしないことを誓うという宣誓書を英文で提出するように求められていたくらいですから。

でも、ともかくイギリス政府はそんな紙切れ1枚で、極東の島国日本にいるどこの馬の骨かわからない人物に輸出許可を出してくれたのです。

如何なる兵器も搭載しないという誓約書など、軍用機とはいえ練習機に必要ないのではと思えるのですが、実はこのイギリス空軍の練習機「プロボスト」は、旧イギリス植民地だったアフリカ諸国の空軍では、現役の戦闘攻撃機として使われているそうなのです。

資料を見ると、なるほど、かなりの数のミサイルや爆弾を主翼の下に搭載することができるとのこと……。


そんなわけで、この日本においても一応は関係省庁のお役人が協議することになったわけですが、そこで最終の悲劇が起きてしまいます。経済産業省はもちろんですが、総理府も防衛庁も、輸入許可を出す方向に省庁内をまとめてくれたというのに、な、な、なんと、テレビドラマでお馴染みの警察庁が猛反対。

その理由というのがふるっていて、今回の僕の軍用機輸入を認めてしまうと、それが前例となってしまって将来、オウム真理教のような国内テロ集団が外国から中古の戦車を輸入できてしまうからというものでした。

「そうなったら、今の警察力ではとうてい阻止することができない。だから、今回の個人輸入は絶対に認めていただきたくない！」

警察庁のお役人にそう訴えられてしまったなら、いくら前大臣のお声掛かりとはいえ引き下がるしかない……。というわけで、あわれ却下!!

さすがの僕もあきらめて、ならばコンテナに入ったままの状態でイギリス行きのコンテナ貨物船で送り返してくれればいいという、イギリスの軍用機ディーラーの連絡を受けて大阪南港の税関に再輸出申請をしようとすると、これまたさらなる悲劇が待ち受けていたのです！!!

なんと、現在の平和日本においては、「武器輸出3原則」によって如何なる形でも武器の輸出は禁止されているため、僕の軍用機もイギリスに「輸出」することはできないというのです!!!!

輸入もできず、輸出もできない!!!!

いったい、僕の「プロボスト」、いや「鍾馗」はどうなってしまうのか？

結果は、大変残念なことになりました。僕の「鍾馗」も、太平洋戦争末期に親父が操縦していた「鍾馗」と同じ運命をたどることとなり、大阪南港の保税エリア内にある巨大焼却炉の上にクレーンで吊り上げられた後、あわれ撃墜炎上の憂き目にあったのです。トホホ。

まあ、ひょっとすると、首都防空隊の戦闘機乗りとして東京空襲に飛行してきたアメリカの高々度戦略爆撃機Ｂ29を迎撃中に、敵護衛戦闘機のＰ51ムスタングやＰ38ライトニングに撃墜されるも、九死に一生を得て戦後日本の復興に尽力してきた親父の三回忌への華々しい弔いにはなったかもしれません。

ところが、ところが、事はこれでも終わらなかったのです。

数週間ほど後のこと、平沼事務所から電話を頂戴し、エンジンと翼がなくて胴体の半分の軍用機なら警察庁の役人も許可を出すことになったので、大至急条件に合う軍用機を探して輸入してくれと伝えられてしまいました。

聞けば、元経産大臣の平沼先生のお声掛かりにもかかわらず警察庁が僕の軍用機輸入を許可しなかったことで、平沼先生のお顔を潰されたと感じた事務所が警察庁に談判して、いったいどのような状態の軍用機なら輸入してもよいのか問いつめたそうです。

そして、最終的に得た回答が、

「翼とエンジンがなく、胴体の半分以内」

というものだったというわけ。

そんなわけで、それから2年間をかけてアメリカからは海軍がベトナム戦争で実戦に使っていた戦闘攻撃機A４スカイホーク、そしてイギリスからは空軍が西ドイツ駐留中に対ソビエト連邦軍侵攻抑止力として使っていた垂直離着陸攻撃機ハリアーのコックピットを含む機体前方部分を輸入して、岡山の家を壊した空き地に置いたのです。

と、まあ、以上の内容をもっと詳しく、臨場感溢れる熱弁をふるって神様・矢追純一さんに語って聞かせるという3月24日の夜のメインイベントを無事に終了した僕は、どうやら神様の興味を大いに引くことができたのではないでしょうか。

何故なら、その直後に僕のネット番組『月刊保江邦夫』の特別編として公開収録される対談に、矢追純一さんが出てくださることになったのですから。こうして、再び1ヶ月後の5月1日の夕方から、僕は30人ほどの聴衆と収録用カメラの前で2時間以上にわたって、公の場における神様との初めての邂逅を果たすことができたのです。

その記念すべき対談内容はといえば、これまた多くの矢追純一ファンと保江邦夫ファンの期待をよい意味で大きく裏切るものとなったのですが、それについては是非とも『月刊保江邦夫』特別編をご視聴ください。

自分が認識している世界と他人が認識している世界の違い

今年2022年のメーデー5月1日の夕方のこと、そのネット番組『月刊保江邦夫』の特別編として、僕の神様・矢追純一さんとの対談が公開収録されました。

そこにおいてもまた、盛り上がったのはUFOや宇宙人についてではなかったのですが、その1ヶ月ほど前の3月24日に、ステーキとワインを前にしての戦闘機マニア同士による熱き語らいと同じ内容にもならなかったのです。

では、いったいどんな内容だったのかというと……、ジャーン！

5月1日の公開収録は、15分ほどの休憩を挟んで前半1時間と後半1時間の長丁場の予定でしたので、僕一人では気遣いの連続でストレスによる血糖値上昇は確実です。

そこで当然ながら、東京の3人の美人秘書の誰かに同行を求めようとしたのですが、残念ながら世の中はゴールデンウィーク真っ直中。ということだからなのでしょうが、3人ともがそれぞれ秋田、広島、愛媛の郷里に帰ってしまいました。トホホ。

しかし、まー、ダテに全国に7人の美人秘書を置いてはいません。大阪の美人秘書に頼んでみると、新幹線に飛び乗って東京までやってきてくれたのです！

それに加えて、当日はこの大阪の秘書でなくてはならなかった流れが生まれていたこともわかりました。それは、収録開始1時間前に会場奥の控え室に男性秘書と一緒に到着した矢追純一さんが、少しお疲れのご様子だったことに始まります。

何やらお仕事が立て込んできていたため、お身体のあちこちにコリが残っていると苦笑いでカミングアウト。それを僕の後ろで聞いていた大阪の秘書は、

「それでしたら、少し診させていただいてもよいですか」

と、関西弁のアクセントで椅子に座っていた矢追さんに近づいていきます。「???」となっている矢追さんには、僕が説明させていただきました。

「実はこの子は鍼灸師で、しかも皮膚に刺さない特殊な針治療に長けています。いつもは大阪・神戸・京都を中心に女性患者さんとそのご家族を往診していて、月に数回の割合で僕が関西圏で仕事があるときに、美人秘書として同行してもらっているだけです。なので、腕のいいプロの治療師ですから、安心して診てもらってください」

納得した矢追純一さんは、それではとばかりに椅子にゆったりと座り直し、大阪の秘書は、椅子の背もたれの後ろ側に立って何やら矢追さんの首から肩に手を置いて、不思議な動きを見せていきます。

10分ほどそうしていくうちに、それまで少し疲労感を漂わせていた矢追さんの表情がずいぶんとゆったりしてきて、笑顔の時間が増えてきました。

いやー、やはりこの日の矢追純一さんとの対談公開収録には、大阪の秘書が出張してきてくれる必要があったのですねー。

こうして、予定どおりの時間からスタートした公開収録の冒頭でのこと、僕はちょっとしたサプライズを用意しておきました。

それは、2週間ほど前に岡山に戻ったとき、家の納屋に仕舞い込んでいた200冊を超えるUFO・宇宙人関連書籍の中から矢追さんの本を20冊程度探し出して東京に運んできていたものを演台の脇に並べて立て掛け、その上を布で覆って隠しておいたというもの。

そして、収録開始直後に、ファンファーレとともに(といっても僕の口から発せられる「パンパカパーン」だったのですが）除幕式となったときには、公開収録に集まってくださった選りすぐり25名の矢追純一ファンの皆さんから、大きな歓声と拍手をいただきました。

「僕が持っている矢追純一さんの本を20冊だけ持ってきました。岡山にはもっとあるはずですが、取りあえずすぐに見つかったものだけをここでお披露目したいと思います。ジャーン！」

そんな僕の言葉が終わらないうちに、演壇の椅子から立ち上がって、矢追さんは実に懐かしそうな雰囲気で並べられた本を眺めてくれました。

ご自分の本ですから、普通ならよく目にしているはず……にもかかわらず、です。

ところが、ところが！　笑顔を僕に向けた矢追さんは、

「僕はね、自分の本なんか1冊も持ってないいんだよ」

とおっしゃる!!　しかも、まったく未練も興味もないご様子だということも確実に伝わってきていたため、これまで自分自身が出した本はすべて1冊ずつ保存している僕は、逆に恥ずかしくなってしまいました。

そんなスタートを切ってしまったため、対談収録のごく早い段階で、僕が1ヶ月前にステーキを御馳走になりながらうかがった、あの禁断のお言葉までもが矢追さんご自身の口からサラリと出てしまいます！

「そもそもね、僕はＵＦＯや宇宙人について興味はないんだよ」

これには、会場から悲鳴にも似た驚愕の声が上がってしまったのですが、それでも対談をストップするわけにはいきません。何せ、ＵＦＯ・宇宙人業界の神様である矢追純一さんと、そのＵＦＯ特番を観てＵＦＯと宇宙人についての真実を追い求めてきたとカミングアウトする珍しい物理学者の保江邦夫が初めて公開で対談する記念すべきイベントなのですから！

だが、but、しかし!!　この二人からUFOと宇宙人のネタを取り上げてしまったなら、後はいったいどんな対談に持っていけばよいのでしょうか!?

普通のホストスピーカーであれば、この時点で頭の中が真っ白になって収録を中断してしまったことでしょう。

しかし、そこはやはり百戦錬磨の保江邦夫のこと、ちゃんと涼しい顔のままで話をUFOと宇宙人以外のほうに向けていったのです。それは、2月19日に初めて矢追純一さんにお会いしたときの公開収録の中で、矢追さんが次のような一言をサラリと口にしたことを僕が憶えていたからでした。

「自分が認識している世界と他の人が認識している世界は、微妙に違うということを知っておかないといけないんだ」

実は、僕が最終的にたどり着いた唯心論物理学においては、砕いた表現をするなら、

「世界はひとつではない！　人の数だけ世界がある!!　それを創っているのは誰かではなく、あなた自身！!!」

という「人間原理」が基礎にあるのですが、そこに到るきっかけとなったのは、まさに矢追さんによって指摘されたような経験が何度もあったからでした。

例えば、僕が誰かと一緒にある出来事を体験したときなど、僕の記憶とその人の記憶が何故か本質的な部分で食い違っているのです。あるいは、二人で○○しようと決めたにもかかわらず、後日会って確認してみるとその人は○○しようとではなく、△△しようと決めたはずだと主張するわけです。

実は僕は、現代人の中では少数派になっている「映像記憶」で生きている希有な人間で、それこそ物心ついた子どもの頃からの記憶がすべて映像としてリアルに残っていて、いつでもその映像を再生して見ることができます。

ですから、僕の記憶が間違っているはずはないので、他の人が勘違いしているか、思い込みが激しいのかどちらかだろうと考えていました。

しかしながら、京都の大学院で同期だった理論物理学者の中込照明博士が今から30年前にポーランドのコペルニクス大学で発表した「量子モナド理論」に基づく「唯心論物理学」が、それまで多くの物理学者から疑問視されていた、

「この宇宙森羅万象は、人間が認識するから存在している」

という「人間原理」の正当性を根本から強化してくれるという事実に接したとき、まさにコペルニクス的大変革を得たのです。

そう、この僕が認識する宇宙（世界）と他の人が認識する宇宙（世界）が同じものだという保証は、どこにもない！

つまり、僕の記憶と他の人の記憶が食い違っていてもなんら不思議なことではないので

す。それこそ、100人いれば100とおりの世界があるわけです。そんなぶっ飛んだ真理を変わり種の理論物理学者の僕が理解しているのは、まあそれほど驚くことでもないのですが、それをUFO特番を世に送り出し続けた、有名テレビディレクターの矢追純一さんの口から聞くことになったのですから、そのことが強く印象づけられたのは当然といえば当然のことではないでしょうか。

ストレスなく生きられる「ヤオイズム」とは

ともかく、そのおかげでホストスピーカーとしての僕は、対談収録が始まってすぐのタイミングで、「僕はUFOや宇宙人には興味がなかったんだよね」という超爆弾発言が出たにもかかわらず、平然とした表情のまま収録を続けていくことができたわけです。そう、UFOと宇宙人がだめなら、「人間原理」を話題にすればよいだけのことなのですから。

こうして、僕は2月19日に初めて矢追純一さんにお目にかかったときの公開収録の中で

矢追さんがポロッと、

「自分が認識している世界と他の人が認識している世界は、微妙に違う」

とおっしゃったことについて話を持っていったのです。突然そんなことを聞かれるようになることなど完全に想定外のはずだったにもかかわらず、矢追さんは実に飄々(ひょうひょう)とした雰囲気を崩すことなく、足下に置いてあったカバンの中から1冊の本を取り出します。

「実はね、昔この本でお伝えしたことがあったのですが……」

と本の表紙を皆さんに見せながら話し始めてくださった内容に、僕は本当に心を打たれてしまいます。

その表紙にあったのは、大きなカタカナ文字で、

「ヤオイズム」

という初めて目にする単語と、実に素直な表情で彼方を見やる矢追純一さんのゆったりとした立ち姿の全身写真（既に絶版となっていた三五館の『ヤオイズム——頑張らないで生き延びる——』を再刊した明窓出版の『新装版ヤオイズム——あなたは本当に生きているか——』では、写真でなくイラストになっていますが）。

その不思議な組み合わせのおかげなのか、表紙を見ただけで本の素晴らしい内容をある程度推し測ることができました。

そして、それから1時間以上にわたって矢追純一さんがゆっくりとした口調で語ってくださったのは、彼の人生において目の前で人が死んでいく場面に何回も遭遇してしまったために、「死」というものがまったく怖くない存在になってしまったということ。

その詳細は、後日出版された矢追純一さんと僕との対談本『極上の人生を生き抜くには』（明窓出版）にありますので、是非ともご一読ください。

いったんその境地に達すると、すべてのものに対する執着がなくなってしまい、あらゆる物事や出来事を第3者の目で見ることができるようになる。

そして、仕事上であれプライベートであれ、人とのつき合いも肩肘張らずストレスのない本音での対応ができるようになったとのこと。

まさに、極限状況を何度も体験した者だけに許される達観した生き様をお示しになってきたからこそ、はからずも日本テレビのディレクターという人気職にも就くことができただけでなく、業界でそれまで誰もやったことのなかったUFOや宇宙人についてのテーマを取り上げ、大成功を収め続けるという偉業を達成したに違いありません。


そう、この僕が若い頃から矢追純一さんのUFO特番やユリ・ゲラーの超能力番組を食い入るように観てきたのは、単にUFOや宇宙人、さらには超能力といったテーマに興味を抱いたからではなく、それら一連の番組を作り続けていたディレクター矢追純一という人物が、番組の隅々にまで反映させていた彼自身の生き様に強く惹きつけられたからだったのです！

その結果として、僕自身もまた理論物理学者としては極めて異端の人生を歩むこととなり、最終的には「唯心論物理学」という物理学基礎論の基本中の基本にまでたどり着くことができたのですが、そこで目にしたものは……!!

まさに、お釈迦様の掌の上で走り回っていた孫悟空と同じで、矢追純一さんが既にお若い頃から気づいていた、

「自分が認識している世界と他の人が認識している世界は違う」

という唯心論物理学の真理だったのです!!

その詳細については、中込照明博士の手になる『万物の起源——唯意識論が全てに答える——』(海鳴社)だけでなく、拙著『人間と「空間」をつなぐ 透明ないのち』(明窓出版)、及びはせくらみゆきさんとの共著、『愛と歓喜の数式「量子モナド理論」は完全調和への道』(明窓出版)を是非ともご一読ください。

いやー、人生って、ホントに素晴らしいものなのですね。

そして、僕の人生を導いてくださった矢追純一さんの見事な立ち姿が示す、我々人間が目指すべき境地そのものを「ヤオイズム」と呼ぶならば、それこそが日月星辰宇宙森羅万象が示す美しき大調和を生む「神の愛（Let it be.）」を最も忠実に表していると思えてなりません。

そう、名誉母親の渡辺和子シスターがその後ろ姿で僕にお示しくださっていた「神の愛」とその愛言葉、

「Let it be.」

を、矢追さんの立ち姿を目にするだけで心の奥底に湧き立たせることができるのです。

さあ、ここにお示しした『ヤオイズム――頑張らないで生き延びる――』の表紙写真

ヤオイズム

を頭に焼きつけることで、「シスターの愛言葉Let it be.」をご自分の魂の秘奥にまで響き渡らせてください。たったそれだけで、そう、たったそれだけであなたは神様の愛と調和に満ちた人生を手にすることができるのですから。

最後に、今回この書き下ろしを世に問うことに、多大なご尽力をいただいた明窓出版の麻生真澄社長に、心より感謝申し上げたいと思います。

また、ほぼ1年間に及ぶ原稿執筆の場面においては、毎朝の如く居心地のよいカフェ環境を提供してくださった白金は美女道に面するカフェ、「ドロゲリア サンクリッカ」の若いスタッフの皆様に助けていただきました。

美味しいクロワッサンをカプチーノに浸して食べるたびに、ジュネーブに住んでいた若き日々を思い出すことができ、筆も大いに進んだものです。

2024年の桜を愛でながら
白金の寓居にて
保江邦夫

白金のカフェ ドロゲリア サンクリッカで
執筆中の著者

保江邦夫（Kunio Yasue）

岡山県生まれ。理学博士。専門は理論物理学・量子力学・脳科学。ノートルダム清心女子大学名誉教授。湯川秀樹博士による素領域理論の継承者であり、量子脳理論の治部・保江アプローチ（英：Quantum Brain Dynamics）の開拓者。少林寺拳法武道専門学校元講師。冠光寺眞法・冠光寺流柔術創師・主宰。大東流合気武術宗範佐川幸義先生直門。特徴的な文体を持ち、100 冊以上の著書を上梓。

著書に『祈りが護る國　日の本の防人がアラヒトガミを助く』『祈りが護る國　アラヒトガミの願いはひとつ』、『祈りが護る國　アラヒトガミの霊力をふたたび』、『人生がまるっと上手くいく英雄の法則』、『浅川嘉富・保江邦夫 令和弐年天命会談 金龍様最後の御神託と宇宙艦隊司令官アシュターの緊急指令』（浅川嘉富氏との共著）、『薬もサプリも、もう要らない！ 最強免疫力の愛情ホルモン「オキシトシン」は自分で増やせる!!』（高橋 徳氏との共著）、『胎内記憶と量子脳理論でわかった！「光のベール」をまとった天才児をつくる たった一つの美習慣』（池川 明氏との共著）、『完訳 カタカムナ』（天野成美著・保江邦夫監修）、『マジカルヒプノティスト スプーンはなぜ曲がるのか？』（Birdie 氏との共著）、『宇宙を味方につける こころの神秘と量子のちから』（はせくらみゆき氏との共著）、『ここまでわかった催眠の世界』（萩原優氏との共著）、『神さまにゾッコン愛される　夢中人の教え』（山崎拓巳氏との共著）、『歓びの今を生きる 医学、物理学、霊学から観た 魂の来しかた行くすえ』（矢作直樹氏、はせくらみゆき氏との共著）、『人間と「空間」をつなぐ透明ないのち　人生を自在にあやつれる唯心論物理学入門』、『こんなにもあった! 医師が本音で探したがん治療　末期がんから生還した物理学者に聞くサバイバルの秘訣』（小林正学氏との共著）、『令和のエイリアン　公共電波に載せられない UFO・宇宙人ディスクロージャー』（高野誠鮮氏との共著）、『業捨は空海の癒やし　法力による奇跡の治癒』（神原徹成氏との共著）、『極上の人生を生き抜くには』（矢追純一氏との共著）、『愛と歓喜の数式 「量子モナド理論」は完全調和への道』（はせくらみゆき氏との共著）、『シリウス宇宙連合アシュター司令官 vs. 保江邦夫緊急指令対談』（江國まゆ氏との共著）、『時空を操るマジシャンたち　超能力と魔術の世界はひとつなのか 理論物理学者保江邦夫博士の検証』（響仁氏、Birdie 氏との共著）、『愛が寄り添う宇宙の統合理論 これからの人生が輝く! 9 つの囚われからの解放』（川崎愛氏との共著）、『シュレーディンガーの猫を正しく知れば　この宇宙はきみのもの　上下』（さとうみつろう氏との共著）（すべて明窓出版）など、多数がある。

Let it be.（レットイットビー）シスターの愛言葉（あいことば）

保江邦夫（やすえくにお）

明窓出版

令和六年 五月二十日　初刷発行

発行者――麻生 真澄
発行所――明窓出版株式会社
〒一六四―〇〇一二
東京都中野区本町六―二七―一三

印刷所――中央精版印刷株式会社

落丁・乱丁はお取り替えいたします。
定価はカバーに表示してあります。

ISBN978-4-89634-476-9